ALL NEW 브리태니커 지식 백과

오래전의 사람들
고대와 중세

머리말

엔사이클로피디어 브리태니커는 아주 오래 전인 1768년부터 흥미로운 지식들을 모아서 독자들이 즐겁고 재미있게 익히는 데 도움이 되도록 노력해 왔어요. <브리태니커 지식 백과>도 여러분을 재미있는 지식의 바다로 안내하는 책이에요. 여러분이 페이지를 넘길 때마다 새로운 탐험거리가 넘쳐날 거예요.

이 책에 나오는 모든 놀랍고 흥미진진한 내용은 언제든지 바뀔 수가 있어요. 아직 답을 알아내지 못한 수수께끼를 풀게 되면 새로운 사실이 또 밝혀질 테니까요. 그러니 '밝혀지지 않은 이야기' 코너를 특히 잘 봐두세요. 이 책을 만드는 데 도움을 준 여러 학자와 전문가들은 지금도 지식의 경계를 허물고 또다시 만들어가면서 열심히 '정확한' 지식을 찾고 있어요. 그분들 덕분에 우리는 세상을 더 잘 이해할 수 있게 되지요. 세상을 더 잘 이해한다는 건, '무엇을 아직 모르고 있는지도 안다'는 뜻이에요.

우리는 '사실'이 중요하다고 믿어요. 그래서 책에 싣는 모든 내용이 사실인지 철저하게 확인하며 정확한 것만을 담기 위해 노력해요. 엔사이클로피디어 브리태니커는 250년 넘게 전문가들과 함께 혁신을 추구하면서 연구와 탐구에 헌신해 왔어요. 그 오랜 역사 끝에 브리태니커와 왓언어스 출판사가 손잡고 크리스토퍼 로이드와 함께 펴낸 이 <브리태니커 지식 백과>를 어린이들에게 소개하게 되어 매우 기뻐요.

제이 루버링
엔사이클로피디어 브리태니커 편집장

차례

고대와 중세: 크리스토퍼 로이드	5
최초의 오스트레일리아 사람	6
비옥한 초승달 지대	8
고대 메소포타미아	10
스톤헨지	12
중국 최초의 왕조	14
고대 이집트	16
고대의 신들	18
안데스 문명	20
태평양에 정착하다	22
미노스 문명, 미케네 문명, 페니키아 문명	24
올멕과 마야	26
페르시아 제국	28
고대 그리스	30
알렉산드로스 대왕	32
마우리아 제국	34
흙을 구워 만든 군대	36
고대 로마	38
비잔티움 제국	40
고대 아프리카 왕국	42
당나라	44
이슬람교의 황금기	46
중세 유럽	48
전문가에게 물어봐!	50
퀴즈	51
낱말 풀이	52
찾아보기	53
참고한 자료	55
사진과 이미지 출처 · 이 책을 만든 사람들	56

고대부터 오늘날에 이르기까지, 예술과 공예는 인류 문화를 나타내는 전형적인 상징이었다. 이 거대한 석상은 '모아이'라고 하는데, 서기 700년 무렵 남태평양 이스터섬에 사는 사람들이 조각해서 세우기 시작했다. 1050년에서 1680년 사이에는 이 석상들이 의도적으로 파괴되었다. 그 이유를 아는 사람은 아무도 없다. 모아이는 이유를 아직 밝혀내지 못한 수많은 역사 속 수수께끼 중 하나이다.

고대와 중세

크리스토퍼 로이드

고대는 온통 '최초'의 시대였어요. 세계 최초의 마을과 도시가 이때 생겼어요. 바퀴와 같은 새로운 기술도 나타났지요. 바퀴를 이용한 최초의 수레와 마차가 발명되어 무거운 짐을 쉽게 나르게 되면서, 다른 마을에 물건을 팔 때나 전쟁이 일어났을 때 엄청난 변화가 일어났어요. 문자를 만들어서 상인들은 얼마를 사고팔았는지 잊지 않고 써 놓을 수 있게 되었고요.

세계 최초의 왕과 여왕, 황제와 파라오들이 권력을 잡게 된 때이기도 해요! 죽는 것이 무서웠던 중국의 한 황제는 8000명이나 되는 군인들을 흙으로 만들어 자신이 묻힐 무덤에 넣었어요. 황제의 나라 제국은 마치 태양 같아요. 아침에 솟아오른 태양은 저녁에는 서쪽으로 가라앉지요. 고대 시리아 제국은 페르시아 제국에 패배했고, 페르시아 제국은 그리스에, 그리스는 로마 제국에 패배했죠. 남아메리카에서는 마야 제국이 번성했다가 멸망하고요.

중세에는 페스트 같은 전염병이 유럽 여러 나라에 널리 퍼져서 역사의 흐름을 바꾸었어요. 빠르게 변화하는 세상을 설명하는 새로운 종교들이 나타나고, 신앙심을 북돋우기 위한 예술 활동이 꽃을 피워요. 그리스도교·이슬람교·조로아스터교는 서아시아에서 나타났고, 불교와 힌두교는 남아시아에서 나타났어요. 종교마다 세상을 이해하고 바라보는 방법이 달라요. 여러 종교가 어떻게 만나고 갈등하는지, 이로운 점과 해로운 점은 무엇인지, 어떻게 전쟁과 평화를 불러오는지도 살펴보세요.

최초의 오스트레일리아 사람

오스트레일리아 원주민의 문화는 수만 년 전부터 시작되었다. 오스트레일리아에 사람이 처음으로 머물러 살기 시작한 것은 5만 년 전으로, 동남아시아에서 배를 타고 북부 오스트레일리아로 옮겨 왔던 것으로 보인다. 3만 5000년 전에 이르러 사람들이 오스트레일리아 곳곳에 정착했다. 이들은 토레스 해협의 작은 섬에 살던 원주민과 함께 오스트레일리아에 최초로 거주한 사람들이었다.

고대의 증거

사람의 화석과 돌과 뼈로 만든 도구가 오스트레일리아 뉴사우스웨일스주에 있는 뭉고 호수에서 발견되었다. 지금은 완전히 말라버린 뭉고 호수에서 발견된 선사 시대 유물은 오스트레일리아에서 일찍부터 인간이 살았음을 보여주는 가장 이른 시기의 증거이다. 화석이 된 남성과 여성의 유골은 4만 2000년 전의 것으로 밝혀졌다.

성스러운 곳

오스트레일리아 원주민들은 '꿈의 시대'라고 하는 시기에 신화 속 존재들이 산과 강, 호수와 바다, 동물과 식물, 사람을 창조했다고 믿으며, 자연 지형 여러 곳을 신성하다고 여긴다. 카타추타는 오스트레일리아 원주민 가운데 하나인 아난구족 영령들이 머무르는 성지이다.

'카타추타'는 원주민 언어로 '많은 머리'라는 뜻이며 둥근 바위산 36개로 이루어져 있다. 가장 높은 지점은 올가산이다. 이 지역의 면적은 20제곱킬로미터에 이른다.

26킬로미터 동쪽으로 가면 '울루루'가 있다. 사막 한가운데 솟아 있는, 높이가 348미터인 거대한 타원형 바위인데, 특유의 붉은색으로 유명하다.

도움말 주신 전문가: 데이브 엘라 **함께 보아요:** 산, 2권 22~23쪽; 화석, 2권 30~31쪽; 생태계, 4권 20~21쪽; 사막, 4권 30~31쪽; 예술의 시작, 5권 30~31쪽; 스톤헨지, 6권 12~13쪽; 고대의 신들, 6권 18~19쪽; 태평양에 정착하다, 6권 22~23쪽; 민권, 7권 44~45쪽

휘두르고 낚아채고

오스트레일리아 원주민들은 부메랑을 만들어서 사냥이나 전투를 할 때, 종교 의식을 거행할 때 사용했다. 부메랑은 나무로 만든 막대기로, 곡선으로 굽은 모양이다. 부메랑은 되돌아오는 것과 되돌아오지 않는 것이 있다. 되돌아오는 부메랑은 제대로 던지면 원을 그리며 날아갔다가 던진 사람에게 다시 돌아온다. 되돌아오지 않는 부메랑은 주로 사냥과 전투에 쓰는데, 길고 무거우며 덜 굽어 있다.

되돌아오는 부메랑은 어깨 뒤쪽 위에서 던져야 한다. 앞을 향해 팔을 재빨리 휘두르면서 손목은 낚아채듯이 움직여 던진다.

원주민의 예술

최초의 오스트레일리아 원주민들이 남긴 작품들을 보면 미술 양식이 매우 다양했다는 것을 알 수 있다. 몇몇 사람들은 돌이나 나무에 무늬를 새겨넣은 성물을 만들었는데, 종교적인 의식에 쓰거나 기념비로 사용한 것 같다. 나무껍질에 황토색 흙으로 그림을 그리거나, 노던 테리토리의 카카두 국립 공원에 있는 것과 같이 바위에 그림을 그리고 새기기도 했다.

전문가의 한마디!

데이브 엘라
문화 교육 전문가

데이브 엘라는 오스트레일리아 원주민 어린이들이 교육받을 기회를 만들고, 점묘화, 전통 무기, 음식, 약초와 같은 원주민 문화에 대해 가르친다. 어린이들에게 나무로 창, 사냥용 몽둥이, 부메랑과 같은 도구 만드는 법을 보여주기도 한다.

❝ 난 정말 좋은 직업을 가졌어요. 어린이들이 공부를 더 하거나 취직을 할 수 있게끔 돕고 싶어요. ❞

7

비옥한 초승달 지대

인류는 약 1만 년 전에 서아시아에 있는 '비옥한 초승달 지대'라고 하는 곳에서 처음으로 농사를 짓기 시작했다. 농사를 짓는다는 것은 더는 식량을 찾아 이동하지 않는 생활로 바뀐다는 뜻이었다. 생활이 바뀌자 낯선 과제들이 새로 생겨났다. 몇몇 공동체에서는 이런 과제들을 문자와 바퀴와 같은 새로운 발명품으로 극복했다.

두 강의 사이

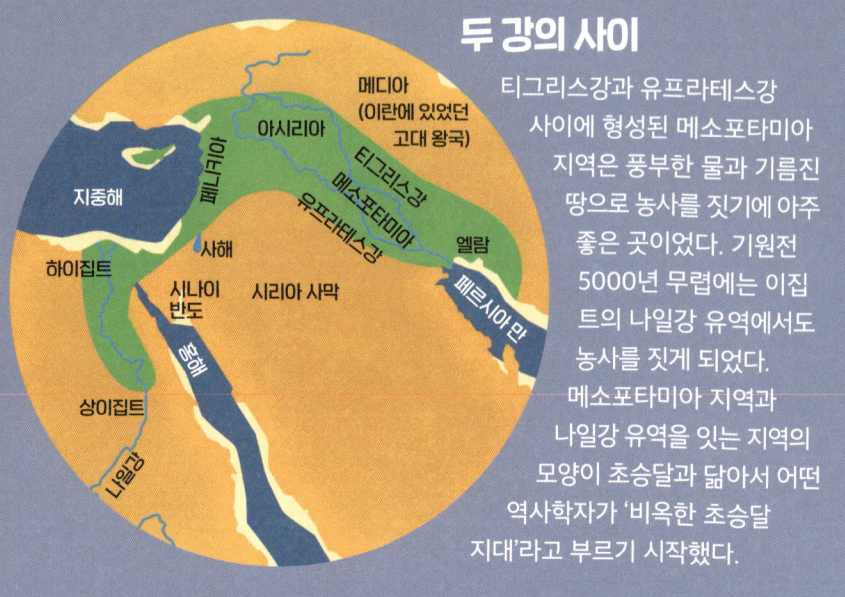

티그리스강과 유프라테스강 사이에 형성된 메소포타미아 지역은 풍부한 물과 기름진 땅으로 농사를 짓기에 아주 좋은 곳이었다. 기원전 5000년 무렵에는 이집트의 나일강 유역에서도 농사를 짓게 되었다. 메소포타미아 지역과 나일강 유역을 잇는 지역의 모양이 초승달과 닮아서 어떤 역사학자가 '비옥한 초승달 지대'라고 부르기 시작했다.

초기의 농업

비옥한 초승달 지대에서 농사를 지었던 농부들은 강에서 물을 끌어와 농작물에 주기 위해서 수로를 만들었다. 야생 동물들을 길들여 식량으로 삼고 농사일에도 활용했다. 들소의 조상이라고 할 수 있는 오록스를 길들여 쟁기를 끌게 했는데, 쟁기는 날이 달린 농기구로, 단단하게 굳어 있는 땅을 갈아엎어서 농작물이 잘 자랄 수 있도록 한다.

보리와 엠머 밀이 주된 곡식이었다.

기원전 4500~4200년 무렵 농부들은 자신들뿐 아니라 귀족들을 위해서도 농사를 짓고 있었던 것 같다.

도움말 주신 전문가: 마크 샙웰 **함께 보아요:** 자연의 힘 이용하기, 4권 48~49쪽; DNA와 유전학, 5권 10~11쪽; 음식과 조리, 5권 18~19쪽; 읽기와 쓰기, 5권 28~29쪽; 고대 메소포타미아, 6권 10~11쪽; 고대 이집트, 6권 16~17쪽

바퀴 혁명

기원전 4500년에 메소포타미아 사람들이 바퀴를 발명했지만, 오늘날처럼 수레에 달아 물건을 나를 때 쓴 것이 아니라, 도기를 만들 때 진흙 반죽을 돌려서 모양을 잡는 물레로 사용했다. 기원전 3500년 무렵 메소포타미아 남부 수메르 사람들이 무거운 짐을 통나무 굴림대를 사용해 옮겼던 것에서 착안해 처음으로 바퀴 달린 수레를 만들었던 것으로 알려져 있다. 처음에는 축과 한 몸인 바퀴를 썰매에 붙인 단순한 형태였다. 500년이 지나자 더 좋은 수레와 마차가 나타났다. 기원전 2000년 무렵에는 바큇살이 있어 가벼워진 바퀴가 서아시아에 등장했다.

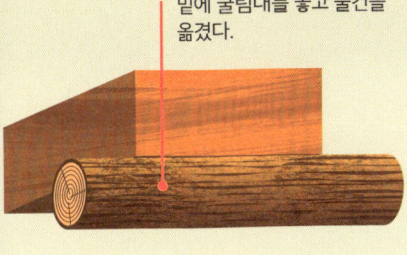
밑에 굴림대를 놓고 물건을 옮겼다.

밑에 썰매 형태의 도구를 놓으면 더 쉽게 물건을 끌고 갈 수 있었다.

굴림대와 썰매를 결합했다.

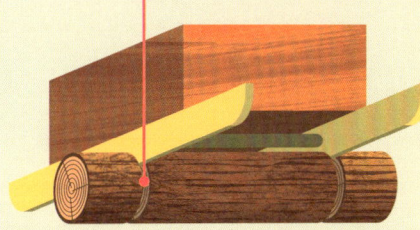
굴림대에 홈을 파면, 썰매가 좀 더 멀리 갈 수 있어 다음 번 굴림대를 좀 더 먼 곳에 두어도 되었다.

바퀴와 중심축이 하나로 붙어 있는 일체형을 만들었다.

바퀴에 고정된 축을 축받이에 끼워 돌아가도록 했다.

사실은!

동물학자들이 소의 조상을 복원할 것이다.
원래 들소였던 오록스는 마구잡이 사냥으로 1627년에 멸종되었다. 다른 고대 소 품종을 통해 오록스의 유전적인 발자취라 할 수 있는 DNA가 이어지고 있는 것을 이용해서, 오록스를 복원하는 프로젝트가 진행되고 있다. 네덜란드의 타우루스 재단과 바헤닝언 대학교가 주축이 되어 추진하고 있는 타우로스 프로그램에서는 오록스와 가장 닮은 소의 품종을 이용해 오록스의 복원을 시도하고 있다.

최초의 문자

인류 최초의 문자 자료는 메소포타미아에서 나왔다. 메소포타미아 남부에 살았던 수메르 사람들은 농작물을 얼마나 재배했는지, 세금을 얼마나 냈는지를 기록하기 위해서 기원전 3300년 무렵 쐐기 문자라고 하는 문자 체계를 만들어 사용하기 시작했다. 처음에는 숫자와 사물의 모양을 본떠 만들었으나 점점 말 소리를 기록하는 문자로 발달했다. 수메르 사람들은 끝이 뾰족한 갈대 가지로 진흙판에 문자를 쓴 다음 말리거나 구워서 딱딱하게 만들었는데, 이 진흙판이 사라지지 않고 영구적인 기록물로 남게 되었다.

고대의 농작물

비옥한 초승달 지대의 사람들은 쓸모 있는 야생 식물을 골라서 최초의 농작물로 재배했다. 빵을 만들거나 옷감을 짜는 농작물도 있었고, 달콤한 과즙이 가득한 과일도 있었다.

1. 보리는 갈아서 가루를 내어 빵을 만들거나 끓여서 죽을 만들어 먹었다. 보리로 맥주를 빚기도 했다.

2. 엠머 밀은 갈아서 주로 빵을 만들어 먹었다. 엠머 밀로 물건을 사고팔기도 했다.

3. 아마의 껍질로는 옷감의 하나인 아마포를 만들었고, 씨는 빵이나 죽에 넣어 먹었다. 씨에서 기름을 짜기도 했다.

4. 대추야자는 종려과에 속하는 대추야자나무에 열리는 열매인데, 천연의 단맛 때문에 매우 귀하게 여겨졌다.

5. 비옥한 초승달 지대의 농부들은 **자두, 사과, 포도**와 같은 과일을 과수원에서 재배했다.

고대 메소포타미아

서아시아의 티그리스강과 유프라테스강 사이에 있는 메소포타미아 지역에는 역사상 최초의 도시들이 생겨났다. 첫 번째 도시는 기원전 4000년 무렵 메소포타미아의 수메르에 세워진 우루크였다. 초기의 제국들도 역시 메소포타미아에서 나타났다. 기원전 2334년 아카드 사람들이 여러 도시를 점령하고 제국을 세웠다. 다음에는 바빌로니아 사람들과 아시리아 사람들이 이곳을 차지하기 위해 전투를 벌였다.

이난나 여신
메소포타미아 사람들은 여러 신을 섬겼다. 이난나는 전쟁과 풍요의 여신이었는데 두 눈은 루비로 만들어졌다. 아카드의 여사제들은 시와 찬송을 써서 바쳤다. 이난나는 뒤에 셈족의 여신 이슈타르와 같은 신으로 여겨졌다.

돌에 새긴 기록
이것은 '승리의 비석' 또는 '독수리 비석'이라고 하는 비석의 한 부분이다. '비석'은 돌을 깎아 만든 기념물을 말한다. '승리의 비석'은 기원전 2600년에서 2350년 사이에 만들어졌다. 수메르의 라가시와 움마라는 두 도시 국가 간에 전투가 있었는데, 라가시의 에안나툼 왕이 움마의 에나칼레 왕에게 승리를 거두었다는 내용이 기록되어 있다.

- 라가시의 병사들이 창을 들고 왕의 뒤를 따라 행진한다.
- 움마 병사들이 라가시 병사들의 발에 짓밟힌다.
- 라가시의 에안나툼 왕이 수레를 타고 병사들을 이끌고 있다.

지구라트
메소포타미아 사람들은 거대한 신전이면서 높이 솟은 탑인 지구라트를 세우고, 경사진 계단을 통해 사제들이 꼭대기로 올라가 종교 의식을 거행했다. 지구라트는 대부분 진흙 벽돌로 지어졌기 때문에 시간이 지나면 무너져서 100년마다 다시 세워야 했다.

권력의 역사

기원전 3300~1900년
수메르 최초의 도시들이 세워졌다. 초기에는 권력을 가진 남자들의 집단이 다스렸지만, 기원전 3000년 무렵부터는 왕이 통치했다. 도시들은 지배권을 차지하기 위해 종종 서로 전투를 벌였다.

기원전 2334~2154년
사르곤 대왕이 메소포타미아의 다른 도시들을 정복해 아카드 제국을 건설했다. 아카드 제국은 기원전 2154년에 멸망하여, 메소포타미아는 또다시 여러 강력한 도시 국가들로 나뉘게 되었다.

기원전 1850~1595년
바빌론은 유프라테스강 유역에 있는 도시였다. 함무라비 왕 시대에 주변 지역들을 정복하기 시작했다. 바빌론은 기원전 1595년까지 메소포타미아 지역 대부분을 지배했다.

기원전 1900~612년
아시리아 사람들은 처음에는 메소포타미아 북부의 작은 지역을 다스리고 있었다. 점점 힘을 키워서 기원전 900년에 이웃 도시들을 점령하고 제국을 이루었으나 기원전 612년에 바빌로니아와 메디아를 비롯한 여러 나라들과의 전투에서 패배했다.

도움말 주신 전문가: 마크 샙웰 **함께 보아요:** 축제, 5권 46~47쪽; 고대의 신들, 6권 18~19쪽; 비옥한 초승달 지대, 6권 8~9쪽; 고대 이집트, 6권 16~17쪽; 페르시아 제국, 6권 28~29쪽; 이슬람교의 황금기, 6권 46~47쪽

아시리아 왕들은 사자를 죽여 신들에게 제물로 바쳤다.

무장한 병사들이 왕을 경호했다.

아시리아 제국

빨간 옷을 입은 사람은 아시리아 제국의 마지막 왕이었던 아슈르바니팔이다. 기원전 668년부터 627년까지 통치했으며, 수도 니네베에 세계 최초라고 알려져 있는 도서관을 지었다. 아슈르바니팔이 적들을 쇠사슬로 묶어 개집에서 살게 했다는 소문이 돌기도 했다.

왕의 동물원에서 사자들을 교배시키고 기르는 경우가 많았다.

세상을 바꾼 인물

사르곤 대왕
아카드 제국, 기원전 2334~2279년 통치

최초의 대제국을 건설한 사르곤은 바빌론과 키시 중간 지역에서 태어났으며, 정원사가 입양해서 키웠다는 이야기가 전해진다. 사르곤은 키시 왕의 하인으로 일하다가 왕을 몰아내고 권력을 빼앗았다. 기원전 2334년 무렵부터 메소포타미아의 다른 도시를 정복하기 시작하여 아카드라는 새로운 도시를 세웠는데, 아카드는 아카드 제국의 수도가 되었다. 언제 죽었는지는 알려져 있지 않다.

함무라비 법전

바빌로니아의 왕 함무라비는 세계 최초의 법전을 만들었다. 함무라비 왕은 바빌로니아 제국의 국민이 모두 법을 분명하게 알고, 확실하게 따르도록 했다. 기원전 1754년에 함무라비 왕은 법을 돌기둥에 새겨 제국 곳곳에 두도록 했다. 돌기둥에는 재판의 방법, 상거래, 가족 관계에 이르는 여러 주제에 관한 법 조항 282개가 기록되어 있다. 돌기둥의 윗부분에는 함무라비 왕이 태양신 샤마시로부터 법을 받는 모습이 돋을새김으로 조각되어 있다.

스톤헨지

지금의 영국과 아일랜드인 브리튼섬과 아일랜드섬 사람들은 선사 시대에 커다란 돌기둥들이 원 모양을 이루어 서 있는 구조물을 지었다. 돌기둥으로 만든 원들 가운데 스톤헨지가 가장 유명해서, 매년 100만 명이 넘는 사람들이 방문한다. 스톤헨지는 기원전 3000년에서 1600년 사이에 브리튼섬 남쪽 솔즈베리 근처의 석회질 땅 평원에 다섯 단계에 걸쳐 지어졌다. 스톤헨지에 쓰인 거대하고 무거운 돌들은 24킬로미터 거리에서 나무 썰매를 이용해 옮겨온 것으로 추정된다. 작은 원 두 개를 이루고 있는 작은 돌들은 더 멀리 240킬로미터 떨어진 곳에서 가져왔다.

스톤헨지는 왜 지었을까?

스톤헨지를 지은 진짜 목적이 무엇인지는 아무도 모른다. 고대의 신전이었거나 태양과 달의 움직임을 예측하는 데 쓰였을 것이라고 생각하는 사람들도 있었다. 최근 전문가들은 많은 부족이 절기마다 모임을 하던 장소이자 조상들을 기리는 기념비였을 거라고 주장하기도 했다.

맨 위에 가로로 놓여 있는 돌은 약 6350킬로그램이다.

똑바로 서 있는 돌은 사암의 일종인 사르센석이라고 하는데, 하나의 무게는 23톤 정도이다.

도움말 주신 전문가: 마이크 피어슨 함께 보아요: 암석과 광물, 2권 24~25쪽; 종교, 5권 22~23쪽; 죽음의 의식, 5권 48~49쪽; 고대 이집트, 6권 16~17쪽; 올멕과 마야, 6권 26~27쪽; 고대 그리스, 6권 30~31쪽

고대 유적의 역사

수천 년 전 고대의 여러 문명에서 거대한 유적들을 세웠다. 몇몇 유적들은 오늘날에도 남아 있다.

기원전 3200년 아일랜드의 뉴그레인지 신석기 시대 고대 아일랜드 사람들이 12미터 높이로 흙을 쌓아 올린 고분이다. 언덕처럼 생기고 작은 돌로 두른 고분 안에 정교하게 돌로 쌓은 통로가 있고, 통로를 따라가면 돌로 만든 방이 있다. 방 안에는 사람의 유골과 유물이 보존되어 있었다.

기원전 3000~1600년 영국의 스톤헨지 고대 브리튼 사람들이 거대한 돌기둥들을 원 모양으로 세운 유적이다. 흙으로 쌓은 둑과 도랑으로 에워쌌다.

기원전 2500년 이집트 기자의 대 스핑크스 고대 이집트 인들이 조각한 인간의 머리를 한 거대한 사자상이다. 길이는 73미터에 이른다.

기원전 515년 이스라엘의 성전산 유대의 왕들이 언약궤를 보관하기 위해 지은 두 번째 성전이 있는 곳이다. '언약궤'는 유대 사람들이 신에게서 받았다고 믿는, 십계명이 새겨진 돌판을 보존하는 나무 상자를 말한다.

기원전 432년 그리스의 파르테논 신전 그리스 사람들이 아테네 여신에게 바치기 위해 지은 거대한 신전이다. 아크로폴리스의 일부를 이루고 있다. 아크로폴리스는 아테네에서 가장 높은 바위 언덕 위에 여러 신전과 성채로 이루어진 곳으로, 고대 아테네의 중심지였다.

기원전 600년~기원후 900년 과테말라의 티칼 고대 마야 문명의 중심지에는 건축물이 3000개나 있는 큰 도시가 있었다. 이 도시에는 피라미드 모양의 궁전과 사원도 있었다.

기원전 1세기 요르단 페트라의 알 카즈네 사원이나 묘지로 쓰인 곳으로, 나바테아 사람들이 지었다. 정면은 높이 40미터 정도까지 그리스 신전 건축 모양으로 조각되어 있고 방이 3개 있다. '알 카즈네'는 아랍어로 '보물'이라는 뜻이고, 영어로는 '더 트레저리'라고 부른다.

좀 더 작은 돌들은 3600킬로그램 정도 되며 브리튼섬 서부에 있는 웨일스 지방에서 옮겨왔다.

돌기둥의 윗부분에는 툭 튀어나온 부분이 있고, 가로로 놓인 돌에는 구멍이 있다. 돌기둥의 튀어나온 부분을 나사처럼 가로 돌의 구멍에 끼워 맞췄다.

오랜 시간이 지나는 동안 스톤헨지를 구성한 돌기둥 여러 개가 사라져서 바깥 원에는 빈틈이 생겼다.

중국 최초의 왕조

고대 중국에 있었던 나라들은 왕의 후손이 대를 이어 다스렸다. 이를 '왕조'라고 하는데, 동양에서는 보통 '나라'라고 부른다. 첫 번째 왕조는 기원전 2070년에서 기원전 1600년까지 다스린 하나라였는데, 하나라의 왕들은 전설로 전해져 왔기 때문에 실제로 있었는지는 알 수 없다. 상나라 때에는 최초의 중국 문자인 초기 한자가 만들어졌으며, 상나라와 주나라 때에 도자기와 청동 미술품 같은 미술과 공예가 발달했다.

밝혀지지 않은 이야기
중국 대홍수는 정말로 일어났을까?

고대 중국 문명은 황허강을 기반으로 이어졌다. 이 강에 큰 홍수가 났는데 우왕이 이를 잘 다스렸다는 전설이 있다. 순왕이 죽자 사람들이 우를 왕으로 추대하고 대를 이어 왕조를 잇게 하면서 하나라가 세워졌다. 학자들은 기원전 1920년 무렵에 큰 홍수가 일어났다는 증거를 최근에 발견했다.

상나라

문자로 쓴 기록을 남긴 중국 최초의 왕조는 500년 이상 이어졌던 상나라이다. 지방의 작은 나라였던 상나라는 기원전 1600년 무렵 하나라의 왕을 몰아내고 중국을 다스렸는데, 그때 중국의 영토는 지금의 중국보다 훨씬 작았다. 기원전 1300년 무렵 상나라가 세운 새 수도인 '은'이라는 곳에서 상나라의 중요한 무덤들이 많이 발견되었다. 특히 양왕의 왕비였던 여장군 부호의 무덤이 손상 없이 가장 잘 보존된 채 남아 있어서 그때의 역사와 문화를 연구하는 데 도움이 되고 있다.

고대 중국의 왕들

고대 중국의 왕들은 대개 위대한 업적을 남겨 칭송을 받았지만, 몇몇 왕은 포악한 정치로 증오의 대상이 되기도 했다.

1. 하나라의 걸왕 하나라의 마지막 통치자였던 걸왕은 연못 가득 술을 채우고 즐겼다고 한다.

2. 상나라의 무왕 '탕왕'이라고도 하는 무왕은 사려 깊고 선한 왕이었다고 한다. 세금을 감면하고 백성들이 더 잘 살 수 있도록 노력했다.

3. 상나라의 양왕 '무정왕'이라고도 하는 양왕은 기원전 1250년에 왕이 되었다. 왕자 시절에 백성들과 함께 살면서 평민들의 삶을 배웠다.

4. 상나라의 주왕 주왕은 세금을 마구 올려서 백성들을 힘들게 했던 폭군이었는데, 기원전 1046년에 왕위에서 쫓겨났다.

5. 주나라의 무왕 무왕은 직접 병사 4만 5000명과 전차 300대를 이끌고 상나라 주왕을 몰아낸 후에 주나라를 세웠다.

6. 주나라의 성왕 주나라의 두 번째 왕으로, 기원전 1042년부터 기원전 1006년까지 다스렸다.

7. 주나라의 유왕 서주의 마지막 왕으로, 특이하게도 왕으로 있는 동안 지진·일식·가뭄과 같이 나쁜 징조라고 알려진 자연 현상이 많이 일어났다.

도움말 주신 전문가: 쉬 만 함께 보아요: 읽기와 쓰기, 5권 28~29쪽; 다양한 예술, 5권 32~33쪽; 축제, 5권 46~47쪽; 당나라, 6권 44~45쪽; 공산주의의 등장, 7권 34~35쪽

주나라의 장인들은 청동으로 맥과 같은 멋진 공예품을 만들었다. 맥은 동남아시아에 사는 초식 동물이다.

중국 최초의 문자

상나라 때에 중국 최초의 문자가 나타났다. 대개 거북이의 딱딱한 껍질이나 소의 뼈에 새겨졌기 때문에 '갑골 문자'라고 한다. 가뭄이 들거나 전쟁을 시작할 때 거북이의 껍질과 소의 뼈를 이용해서 하늘의 뜻을 물었다. 점을 치는 사람들이 금속으로 껍질이나 뼈에 구멍을 내고 불에 올려놓으면, 뜨거운 열로 갈라지면서 여러 방향으로 금이 가게 된다. 사람들은 금의 방향을 보고 하늘의 뜻을 해독하고, 질문과 함께 해독한 내용을 껍질이나 뼈에 기록했다.

주나라

주나라는 기원전 1046년에 상나라를 무너뜨리고 시작했다. 역사학자들은 주나라를 두 시대로 나눈다. 서쪽 호경에 수도를 두었던 처음의 주나라는 '서주'라고 부른다. 기원전 770년에 지방을 다스리던 제후들이 반란을 일으켜 수도를 동쪽의 낙양으로 옮긴 후에는 '동주'라고 부르는데, 동주는 기원전 256년까지 이어졌다. 주나라 시대에는 기술과 문화가 발달하여, 장인들이 청동으로 정교한 공예품을 만들었고 공자와 맹자가 유학을 가르쳤다. 기원전 600년 무렵부터는 철로 만든 도구와 무기가 널리 쓰이기 시작했다.

중국의 달력

오늘날 중국은 많은 다른 나라들과 같이 그레고리 달력을 사용하고 있지만, 전통적인 중국의 달력은 기원전 770년에서 476년에 만들어졌고, 12년을 주기로 반복되었다. 해마다 12가지 동물 가운데 한 동물의 이름을 붙이는데, 그해에 태어난 사람의 성격은 그해의 동물과 비슷한 성격을 가졌다고 생각했다. 2013년 뱀의 해에 태어난 사람은 지혜롭고 신중하며, 2014년 말의 해에 태어난 사람은 똑똑하며 활동적이고, 2015년 양의 해에 태어난 사람은 친절하고 창의적이라고 한다.

쥐: 2008, 2020

소: 2009, 2021

호랑이: 2010, 2022

토끼: 2011, 2023

용: 2000, 2012

뱀: 2001, 2013

말: 2002, 2014

양: 2003, 2015

원숭이: 2004, 2016

닭: 2005, 2017

개: 2006, 2018

돼지: 2007, 2019

세상을 바꾼 인물

공자
중국의 사상가, 기원전 551~479년

공자는 중국 주 왕조 때 제후가 다스리던 동쪽의 작은 나라인 노나라에서 태어났다. 관리로 일하다가 제자들에게 인간의 삶과 사회 조직에 대한 자신의 철학을 가르치기 시작했다. 공자는 사람은 사람다워야 하며, 자신의 도리를 다하고, 이웃을 도우며, 다른 사람을 존중해야 한다고 가르쳤다. 공자가 살아 있는 동안에는 참된 가치를 거의 인정받지 못했지만, 죽은 후에 중국과 아시아 여러 나라에서 매우 중요한 사상으로 자리 잡았다. 공자의 가르침을 '유학', 또는 '유교'라고 한다.

고대 이집트

기원전 3530년까지는 나일강을 따라 농업이 발전했고 문명도 융성했다. 기원전 2925년 무렵 메네스라고 하는 왕이 나일강 상류의 상이집트와 하류의 하이집트에 따로 있던 왕조를 통일하여 고대 이집트의 첫 번째 왕이 되었다는 전설이 있다. 이집트의 왕은 '파라오'라고 불리며 신과 같은 존재로 여겨졌다. 파라오가 죽은 후에는 시신을 미라로 만들어 파라오가 쓰던 물품과 함께 피라미드에 안치했다.

기자의 대 피라미드

역사상 가장 큰 피라미드는 기원전 2550년에 쿠푸 왕을 위해 지어진 것이다. 짓는 데에는 거의 20년이 걸렸다. 처음 지었을 때의 높이는 146.6미터였고, 석회암과 화강암을 잘라서 만든 바위 덩어리 230만 개로 지어졌으며, 방과 통로가 여러 개 있다. 고고학자들은 최근에 이 피라미드 내부에 숨겨져 있던 공간을 발견했고, 탐사 장비를 이용해서 크기와 용도를 연구하고 있다.

생명의 강

고대 이집트 사람들은 나일강에서 마실 물을 얻었고, 강기슭의 진흙으로는 벽돌을 만들었다. 매년 7월이면 강물이 흘러넘쳐 상류에서부터 실려 온 비옥한 퇴적물이 온통 땅을 덮었기 때문에 농작물이 아주 잘 자랐다. 나일강은 지금의 고속도로 같은 구실을 하기도 했다. 돛을 내린 채 강물을 타고 하류로 내려간 돛단배가 돛을 올리면, 바람이 배를 밀어 떠났던 자리로 데려다주었다.

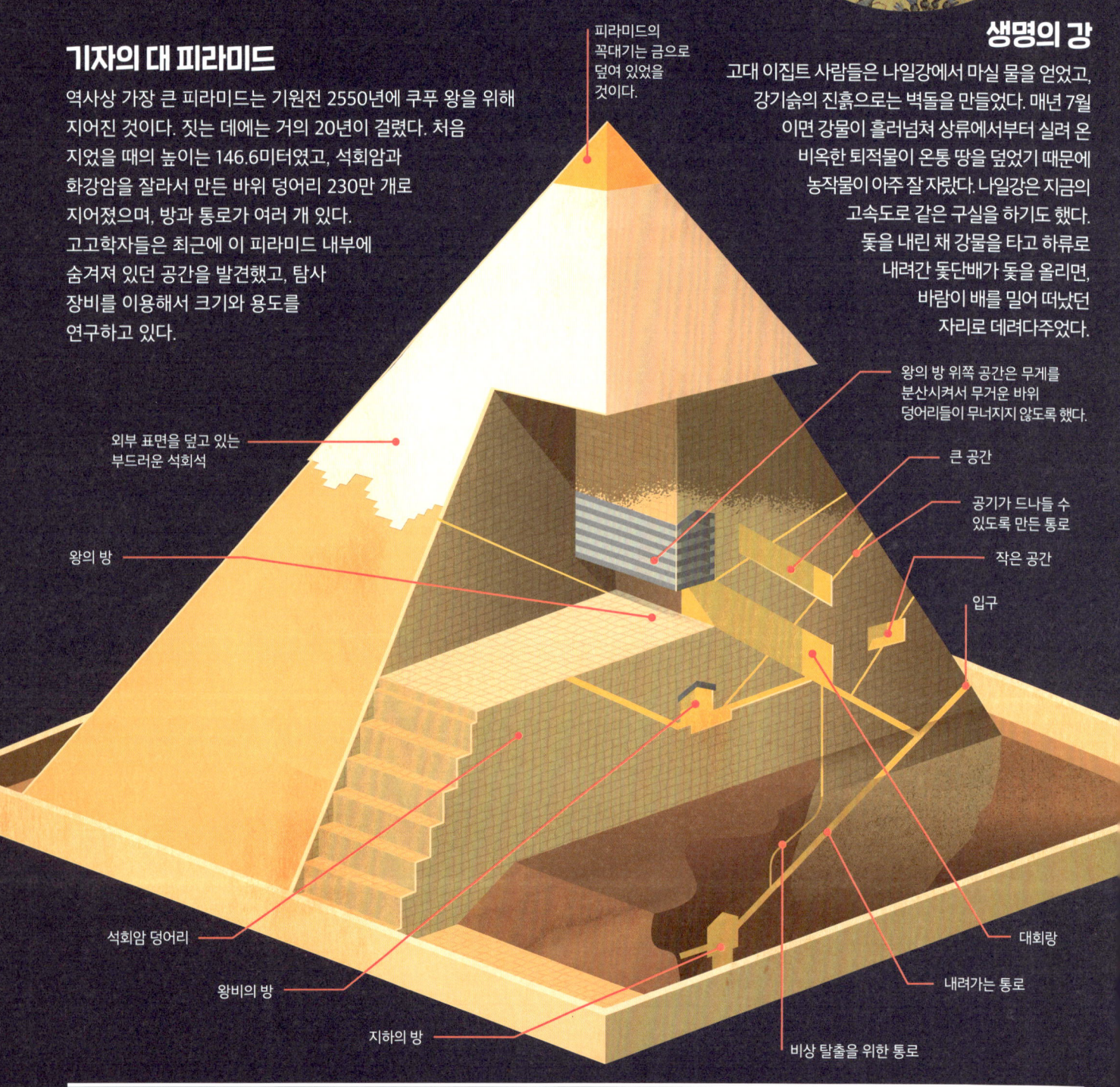

- 피라미드의 꼭대기는 금으로 덮여 있었을 것이다.
- 외부 표면을 덮고 있는 부드러운 석회석
- 왕의 방
- 석회암 덩어리
- 왕비의 방
- 지하의 방
- 왕의 방 위쪽 공간은 무게를 분산시켜서 무거운 바위 덩어리들이 무너지지 않도록 했다.
- 큰 공간
- 공기가 드나들 수 있도록 만든 통로
- 작은 공간
- 입구
- 대회랑
- 내려가는 통로
- 비상 탈출을 위한 통로

도움말 주신 전문가: 살리마 이크람 함께 보아요: 읽기와 쓰기, 5권 28~29쪽; 죽음의 의식, 5권 48~49쪽; 비옥한 초승달 지대, 6권 8~9쪽; 스톤헨지, 6권 12~13쪽; 고대의 신들, 6권 18~19쪽; 고대 아프리카 왕국, 6권 42~43쪽

미라 만들기

고대 이집트 사람들은 사람이 죽어도 영혼은 영원히 산다고 믿었기 때문에 시신을 보존하여 미라로 만들었다. 투탕카멘 왕 시대에는 미라를 만들기 시작해서 완성할 때까지 70일이 걸렸다. 미라를 만들 때에는 사제들이 몸 안의 장기를 모두 제거했는데 심장만은 남겨두었다. 심장에 영혼이 깃든다고 여겼기 때문이다. 그러나 투탕카멘 왕의 미라에서는 특이하게도 심장이 발견되지 않았다! 고대 이집트 사람들은 방부 처리의 신이자 죽은 자의 수호신인 아누비스가 이 모든 과정을 다 지켜본다고 믿었다.

방부 처리의 신 아누비스

1 장기를 제거한다.
내장은 매의 머리 모양 뚜껑의 단지에 담았고, 간은 인간 머리 모양 뚜껑의 단지에, 허파는 개코원숭이 모양 뚜껑의 단지에, 위는 자칼 머리 모양 뚜껑의 단지에 담았다.

2 시신을 탄산나트륨으로 덮는다.
장기를 빼낸 자리에 천연 탄산 나트륨을 넣고 시신도 탄산 나트륨으로 덮어서 습기를 빨아들이게 했다. 40일 정도가 지나면 완전히 건조되었다.

3 시신을 아마포로 감싼다.
마지막으로 아마포로 속을 채우고, 시신에 감람나무 수액을 칠한 뒤에 아마포로 감쌌다. 시신은 관에 넣어 무덤에 두었다. 장기를 담은 단지와 사후 세계에 필요한 가구와 물품도 무덤에 함께 넣었다.

상형 문자

기원전 3200년 고대 이집트 사람들은 상형 문자를 사용했다. 이집트의 상형 문자에는 700개가 넘는 기호들이 있었는데, 각각 다른 단어와 소리를 나타냈다. 상형 문자는 돌에 새기거나 파피루스 갈대를 겹쳐 만든 종이에 기록했다. '파피루스'라는 이름에서 종이를 뜻하는 영어 '페이퍼'가 나왔다.

세상을 바꾼 인물

하트셉수트 여왕
이집트의 파라오, 기원전 1473~1458년 통치

기원전 1473년부터 이집트를 다스렸으며, 이웃 나라들과 무역에 힘써 이집트를 크게 번영시켰다. 전쟁을 일으키지 않고 평화롭게 통치했으며, 큰 사원을 지었고, 홍해 연안에 있던 고대 국가 푼트로 무역사절단을 보내기도 했다. 하트셉수트 여왕을 묘사한 조각들은 대부분 왕의 상징이었던 가짜 수염을 붙인 남자 파라오로 묘사되어 있다. 기원전 1458년에 죽어 이집트 남부 룩소르 근처 파라오들의 무덤이 모여 있는 '왕가의 계곡'에 묻혔다.

사실은!

미라를 만들 때에는 뇌를 코를 통해서 제거했다.

이집트 사람들은 생각을 심장으로 한다고 여겼다. 미라를 만들 때에도 심장은 천으로 싸서 다시 넣거나 따로 소중하게 보존했지만, 뇌의 중요성을 알지 못했기 때문에 뇌는 남겨두지 않았다. 전에는 콧구멍 속으로 가늘고 긴 막대기를 찔러 넣었을 것이라고 추측했으나, 오늘날의 많은 학자들은 두개골에 구멍을 내어 뇌를 제거했을 것이라고 생각한다.

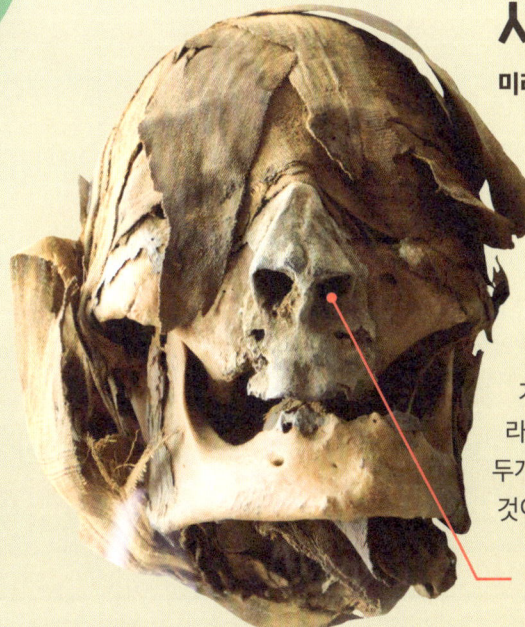

액체처럼 녹은 뇌가 코로 흘러나왔다.

고대의 신들

고대 문화에는 큰 힘을 가진 신들이 많이 등장한다. 고대 사람들은 신들이 세상을 만들었고, 모든 일에 영향을 미친다고 생각했다. 많은 문화권에서 여러 신을 숭배했지만, 몇몇 문화권에서는 신은 오직 하나뿐이라고 믿었다. 고대 사람들은 신이 날씨나 밤하늘과 같은 자연 현상을 조정하고, 전쟁이나 질병, 농사의 결과도 결정한다고 생각했다. 수없이 많은 고대의 신들이 인간을 닮았거나 인간이 아닌 매우 다양한 모습으로 예술이나 공예, 문서 속에서 발견된다.

이집트의 신

고대 이집트에는 2000이 넘는 신이 있었다. 고대 이집트 사람들은 살아있을 때와 마찬가지로 죽은 후의 삶도 신들이 도와준다고 믿었기 때문에, 이 두루마리에서 볼 수 있는 것과 같이 신들을 찬양하는 의식을 자주 치렀다. 이집트의 왕인 파라오들은 스스로 신의 후계자로서 신을 대리하여 세상을 다스린다고 여겼으며, 종교 의식을 치르는 신전을 소중하게 관리했다.

1 사제
신전에서 치르는 의식은 사제들이 거행했다.

2 파라오
파라오는 '모든 사원의 대사제'라는 직함도 가졌다.

3 프타
창조의 신 프타는 기술자와 건축가의 수호신이기도 했다.

4 세크메트
전쟁·치유·의술의 여신인 세크메트는 암사자의 형상을 하고 있었다.

5 세트
질서를 어지럽히는 존재인 세트는 혼돈·폭풍·불의 신이었다.

6 하토르
하늘·여성·풍요의 여신이다. 소의 귀로 묘사될 때도 있다.

7 이시스
병자의 치료를 돕고 죽은 자를 살리는 여신이다.

8 오시리스
부활과 죽은 자의 신이고, 풍요와 농사의 신이기도 하다.

도움말 주신 전문가: 폴 딜리 함께 보아요: 종교, 5권 22~23쪽; 최초의 오스트레일리아 사람, 6권 6~7쪽; 고대 메소포타미아, 6권 10~11쪽; 스톤헨지, 6권 12~13쪽; 고대 이집트, 6권 16~17쪽; 안데스 문명, 6권 20~21쪽; 올멕과 마야, 6권 26~27쪽

고대의 신들

고대에는 신들이 셀 수 없이 많았다. 많이 알려진 신들 가운데에는 오늘날까지도 숭배를 받는 신들도 있다.

1. 호루스 이시스와 오시리스의 아들로 고대 이집트를 수호하는 신이었다. 매 또는 매의 머리가 달린 사람의 모습을 했다.

2. 야누스 고대 로마의 신으로 시간과 변화의 신이었다. 두 얼굴을 가진 모습으로 등장하는 경우가 많다. 전쟁이 있을 때에는 야누스 신전의 문을 열어 놓았고, 평화로울 때에는 닫았다.

3. 마르두크 바빌로니아의 가장 중요한 신으로, '주인'을 뜻하는 '벨'이라는 이름으로도 알려져 있다.

4. 미트라 계약의 신으로 이란에서 탄생했다. 유럽에서 인도에 이르는 광범위한 지역에서 숭배되었다.

5. 케찰코아틀 멕시코 지역에 살던 고대 사람들의 신으로, 아침 별과 저녁 별의 신이다. 깃털 달린 뱀의 형상을 하고 있다.

6. 토르 망치로 무장한 천둥의 신 토르는 바이킹을 포함한 게르만 족의 숭배를 받았다.

7. 삼청 도교의 가장 높은 신들인 옥청·상청·태청으로, 우주를 창조했다고 한다.

8. 트리무르티 인도에서는 힌두교에서 가장 중요하게 여기는 브라마·비슈누·시바 세 신을 하나로 보아 이렇게 부른다.

9. 제우스 고대 그리스의 하늘과 천둥의 신으로 다른 모든 그리스 신들을 다스렸다.

10. 야훼 유대 사람들의 경전인 구약성경에 나오는 단 하나뿐인 신의 이름이다. 원래 이스라엘 민족의 신이었지만 오늘날에는 유대교, 그리스도교, 이슬람교에서 믿고 있다.

안데스 문명

남아메리카의 서부 해안은 안데스산맥에 사는 많은 사람들의 터전이었다. 노르테 치코족(기원전 3000~1800년), 차빈족(기원전 900~200년), 나스카족(기원전 200년~기원후 600년)도 이 지역에 살았다. 안데스 지역에 살았던 고대 사람들은 종교 의식을 치를 신전을 지었고, 농사에 쓸 물을 관리하기 위해 수로를 만들었다. 감자와 옥수수 같은 작물을 재배하고, 라마와 알파카를 길러서 고기를 먹고 털로 천을 짰다. 안데스 사람들은 농산물과 옷감, 뛰어난 기술로 제작한 금속 제품, 희귀한 조개껍데기들을 이웃 나라와 사고팔았다.

사실은!

배설물을 연구하면 노르테 치코족에 대해 더 잘 알 수 있다. 화석이 된 배설물로 노르테 치코족이 옥수수와 멸치 같은 해산물을 먹었다는 것을 알 수 있다. 감자와 고구마, 구아바 열매도 중요한 먹을거리였다. 노르테 치코 사람들이 사용했던 도구에 옥수수의 꽃가루가 남아 있는 것으로 보아 옥수수를 재배했다는 것을 알 수 있다. 노르테 치코 사람들은 목화를 재배해서 실을 뽑아 옷을 만들 천을 짜거나 물고기를 잡는 그물을 만들었다.

신성한 도시

페루 북부에서 발견된 카랄은 남아메리카에서 가장 오래된 도시 문명의 중심지였다. 노르테 치코족이 기원전 3000~1800년 사이에 건설했다. 고고학자들은 이 지역에서 고대 사람들의 정착지를 30여 곳 찾아냈다. 카랄의 중심부에는 종교 의식을 치르는 신전, 지면보다 낮게 만들어진 원형 광장, 살림집과 같은 건축물의 유적이 32채가 넘게 남아 있다. 이 신성한 도시는 종교 의식의 중요한 중심지였다.

카랄의 원형 광장 유적

브로치를 한 여성

고고학자들은 카랄 근처의 아스페로에서 4500년 전 여성의 미라를 발견했다. 과학자들은 컴퓨터를 이용해 이 여성의 실제 모습을 알아낼 수 있었다. 옷자락을 여민 브로치는 동물의 뼈를 깎아 밀림의 원숭이와 사막의 새 모양으로 만든 것이었다. 묻힌 장소와 브로치처럼 귀한 장신구를 갖춘 것으로 보아 높은 지위의 여성이었을 것이다.

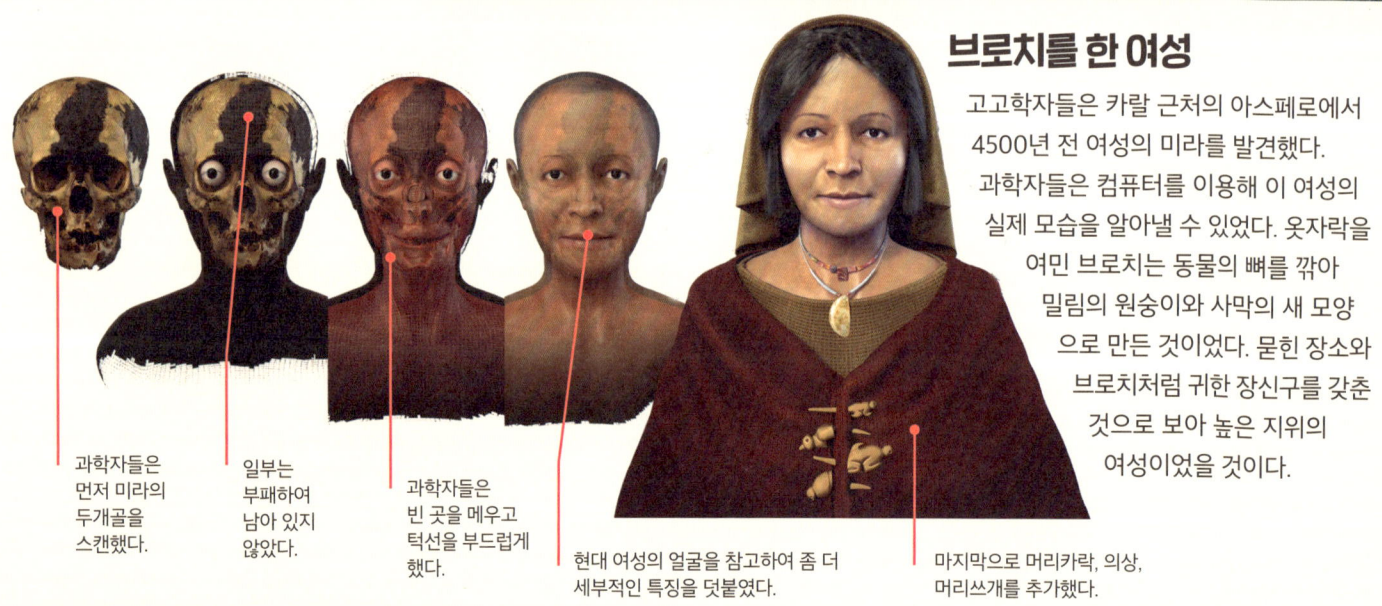

- 과학자들은 먼저 미라의 두개골을 스캔했다.
- 일부는 부패하여 남아 있지 않았다.
- 과학자들은 빈 곳을 메우고 턱선을 부드럽게 했다.
- 현대 여성의 얼굴을 참고하여 좀 더 세부적인 특징을 덧붙였다.
- 마지막으로 머리카락, 의상, 머리쓰개를 추가했다.

도움말 주신 전문가: 알리시아 보스웰 **함께 보아요:** 옷과 장식, 5권 20~21쪽; 고대의 신들, 6권 18~19쪽; 올멕과 마야, 6권 26~27쪽; 아즈텍 문명과 잉카 문명, 7권 10~11쪽; 새로운 제국, 7권 18~19쪽; 아메리카 대륙의 노예 제도, 7권 22~23쪽; 세계의 나라, 7권 48~49쪽

절대적인 존재, 신

비라코차는 안데스 문명에서 가장 중요하게 숭배되었던 신으로, 세상을 창조했다고 여겨지는 위대한 존재였다. 유적에는 비라코차가 보통 송곳니가 달린 반 인간으로 묘사되어 있다. 손에 들고 있는 뱀처럼 생긴 두 개의 긴 지팡이 때문에 '지팡이 신'이라고 불리기도 한다. 비라코차 신의 가장 오래된 그림은 기원전 2250년 무렵에 그려졌다.

차빈 문화

페루 북부의 차빈 데 우안타르는 정치와 경제, 그리고 종교의 중심지였다. 이곳의 신전들은 온갖 조각으로 화려하게 장식되어 있었다. 차빈 사람들의 신은 중앙 안데스의 다른 지방 사람들에게도 매우 중요한 숭배의 대상이었기 때문에 차빈으로 순례를 떠났고, 예술가들은 차빈에 와서 신전을 장식하는 예술 작품을 만들었다. 차빈의 신전은 환상 속에 나올 법한 인간과 동물 모습의 조각으로 가득하다.

나스카 지상화

페루 나스카에는 지상화가 있다. '지상화'는 넓고 평평한 땅에 아주 크게 그린 그림을 말한다. 나스카 지상화는 지금부터 2000년 전 무렵부터 만들어지기 시작했는데, 학자들은 나스카 족이나 그 이전에 이 지역에 살았던 파라카스 사람들이 그린 것으로 보고 있다. 땅 위를 덮고 있는 검은 돌을 긁어내어 그 아래 있는 흰 석회질 흙이 드러나게 해서 만들어진 선으로 그려져 있는데, 몇 킬로미터에 이르는 선도 있고, 동물과 사람 같은 형상의 그림도 있다. 하늘에서 보아야 그림 하나가 다 보일 만큼 거대한 크기여서, 그림을 그렸던 사람들도 그림 전체의 모습을 볼 수가 없었을 테지만 놀랍게도 완벽하게 그려져 있다. 학자들은 이 그림이 종교 의식을 치르기 위한 목적으로 그려졌을 것이라고 생각한다.

전문가의 한마디!

알리시아 보스웰
고고학자

많은 문화권의 이야기가 글로 쓴 기록으로 남아 있지만, 고대 안데스 사람들은 오늘날과 같은 문자를 사용하지 않았기 때문에 끈과 매듭으로 정보를 남겼다. 이것을 '매듭 문자'라고 한다. 학자들이 매듭 문자를 더 정확하게 해독할 수 있다면 안데스 사회에 대해 더 많은 것을 알게 될 것이다.

" 고고학자에겐 고대의 쓰레기가 보물과도 같아요! 우리는 사람들이 버린 것을 통해서 그 사람들에 대해서 더 잘 알 수 있거든요. "

태평양에 정착하다

태평양에는 섬이 아주 많다. 오스트레일리아를 중심으로 하는 섬들을 '오스트랄라시아', 필리핀 동쪽 적도보다 북쪽의 섬들을 '작은 섬'이라는 뜻의 '미크로네시아', 적도 남쪽이며 오스트레일리아의 동북쪽에 있는 섬들을 '검은 섬'이라는 뜻의 '멜라네시아', 태평양 가운데 흩어져 있는 나머지 1000개 이상의 섬들을 '많은 섬'이라는 뜻의 '폴리네시아'라고 부르며, 모두 합쳐 '오세아니아'라고 부른다. 뛰어난 항해사였던 태평양의 원주민들은 카누나 배를 타고 위험한 장거리 항해를 하며 태평양의 많은 섬을 탐험하고 정착했다. 오늘날의 뉴기니에 사는 사람들의 조상은 약 4만 년 전에 바다를 건너 멜라네시아에 자리를 잡았다. 미크로네시아와 폴리네시아에는 아시아 대륙에서 타이완을 거쳐 바다를 건너온 사람들이 정착했다.

항해사의 카누

폴리네시아 사람들은 나무로 만든 큰 카누를 타고 항해에 나섰다. 먼바다를 항해하는 카누에는 보조 선체인 아우트리거를 부착하여 험한 파도에도 쉽게 뒤집히지 않도록 한 '아우트리거 카누'와, 아우트리거 대신 카누를 두 개 연결하여 만든 쌍동선 모양의 카누가 있었다. 폴리네시아 사람들은 별과 바다에 대한 지식을 활용해서 뱃길을 찾았다. 1970년대에 폴리네시아 항해 협회에서 전통적인 폴리네시아 카누를 만들어 타고 수천 킬로미터를 항해하여, 고대 폴리네시아 사람들이 장거리 항해의 능력이 있었다는 것을 증명했다.

삼각형의 돛을 달아 노만 저을 때보다 훨씬 더 장거리를 항해할 수 있었다.

카누의 부품들은 보통 코코넛 섬유로 만든 밧줄로 동여맸다.

장거리 항해를 할 때는 보통 카누를 탄 사람이 쉬거나 화물을 넣어둘 수 있는 공간을 마련했다.

폴리네시아 카누는 선체가 두 개여서 거친 바다에서도 안정성이 높았다. 카누는 섬에 정착하기 위해 꼭 필요한 작물과 가축을 실을 수 있을 만큼 컸다.

오세아니아 탐험

뿌리가 같은 언어를 쓰는 동남아시아와 오세아니아의 원주민들을 뜻하는 오스트로네시아어족은 멜라네시아, 미크로네시아, 폴리네시아에 걸쳐 멀리 떨어진 섬들을 탐험하고 정착했다. 살던 섬의 인구가 늘어나 새 터전을 찾기 위해 항해를 떠났을 수도 있고, 거친 날씨 때문에 카누가 항로를 멀리 벗어나는 바람에 낯선 바다를 항해하게 되었을 수도 있다. 폴리네시아 사람들은 대부분 정착할 만한 새로운 땅을 찾아 새롭고 정교한 항해술을 개발하면서 탐험에 나섰다.

라피타 문화

동아시아에서 온 라피타족은 기원전 1300년에서 800년 사이에 멜라네시아와 폴리네시아 서부의 섬들에 정착했다. 독특한 디자인으로 장식한, 진흙으로 만들어 구운 라피타족의 다양한 그릇들이 뉴기니섬의 동부에서부터 사모아에 걸쳐서 발견되었다. 라피타족은 태평양 최초의 주요 문화를 이루었다.

놀라운 마우이

마우이는 엄청난 힘을 가진 영웅으로, 폴리네시아에 속한 여러 섬의 신화에 등장한다. 폴리네시아의 마우이 이야기들은 입에서 입으로 전해져 내려왔는데, 오늘날까지도 전해지는 이야기들 속에서 마우이는 보통 뛰어난 능력을 발휘하여 사람을 돕는 영웅으로 묘사된다. 지하 세계에서 불을 훔쳐 와서 인간들에게 주었고, 낚싯바늘로 바닷속에서 섬을 낚아 올리기도 했다.

마우이가 거대한 물고기를 낚고 있는 모습을 조각한 뉴질랜드의 나무 기둥. 폴리네시아 신화에서는 마우이가 낚아 올린 이 거대한 물고기가 뉴질랜드의 북섬이 되었다고 한다.

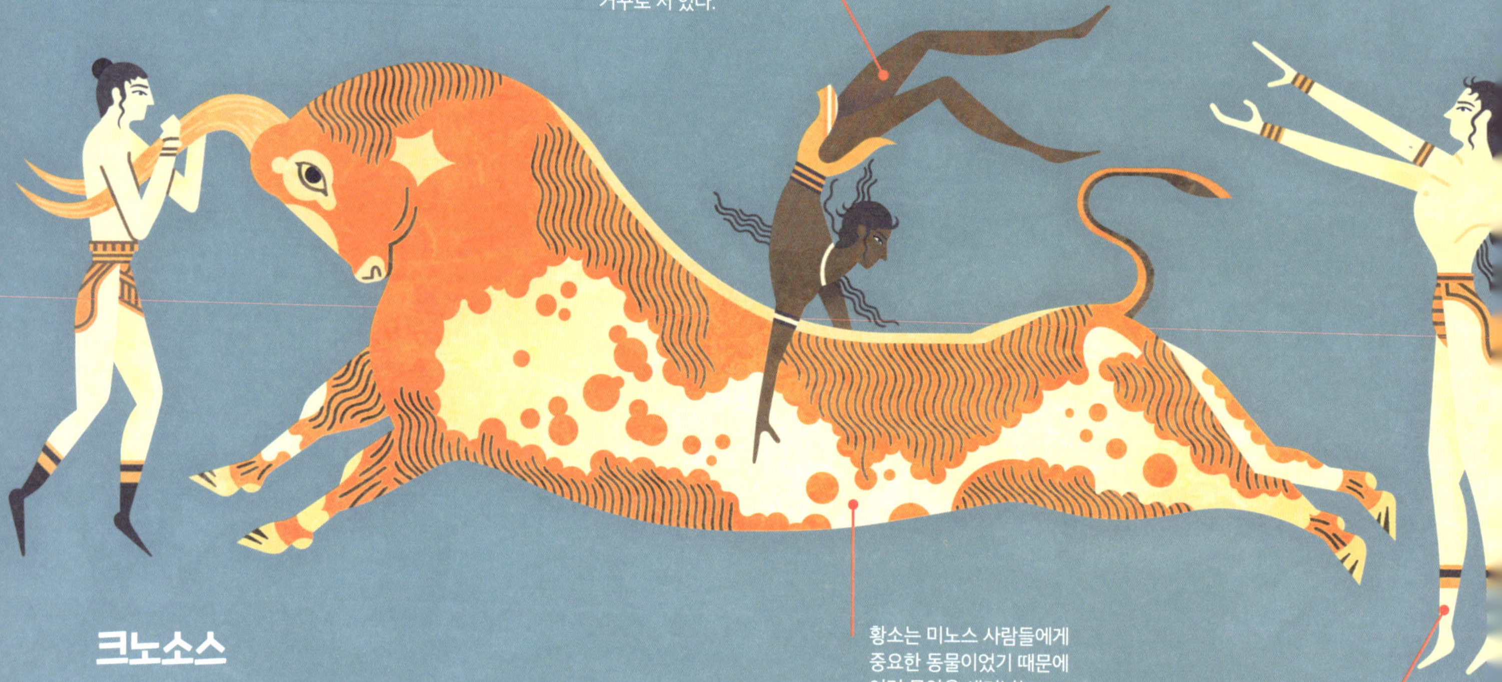
젊은 남성이 황소의 등 위에서 몸을 뒤집으며 거꾸로 서 있다.
황소는 미노스 사람들에게 중요한 동물이었기 때문에 여러 문양을 새겨넣는 장식용 돌과 그림에 자주 등장한다.
이 인물의 창백한 피부색은 여성임을 나타낸다. 이 의식에는 남성과 여성이 함께 참여했다.

크노소스

미노스의 가장 큰 왕궁 도시인 크노소스의 벽화에서는 '황소 뛰어넘기'를 볼 수 있다. 이것은 제사 의식으로 행해진 운동으로, 돌진하는 황소 위로 공중제비를 도는 것이다. 미노스 사람들은 크레타섬 주변의 여러 도시에 훌륭한 궁전들을 지었다. 크노소스는 기원전 1350년에 화재로 파괴되었다.

미노스 문명, 미케네 문명, 페니키아 문명

유럽 최초의 두 가지 문명이 기원전 3000년에서 1000년 사이에 에게해 연안, 그리스 지역에서 발생했다. '미노스 문명'이라는 말은 신화적인 첫 왕의 이름 미노스에서 따왔다. 미노스 사람들은 크레타섬에서 살았는데, 수도는 크노소스였다. 기원전 1500년에서 1200년 사이에는 미케네 문명이 그리스를 지배했다. 미케네 사람들은 기원전 1400년 무렵 크레타섬을 정복했지만, 미케네 문명은 기원전 1200년 무렵 알 수 없는 이유로 멸망해버렸다. 한편 지중해 동쪽의 페니키아 사람들은 지중해 연안에 수많은 도시를 세우면서 무역에 힘썼다.

트로이
테베
에게해
미케네
아테네
아르고스
미데아
티린스
필로스
크노소스
크레타

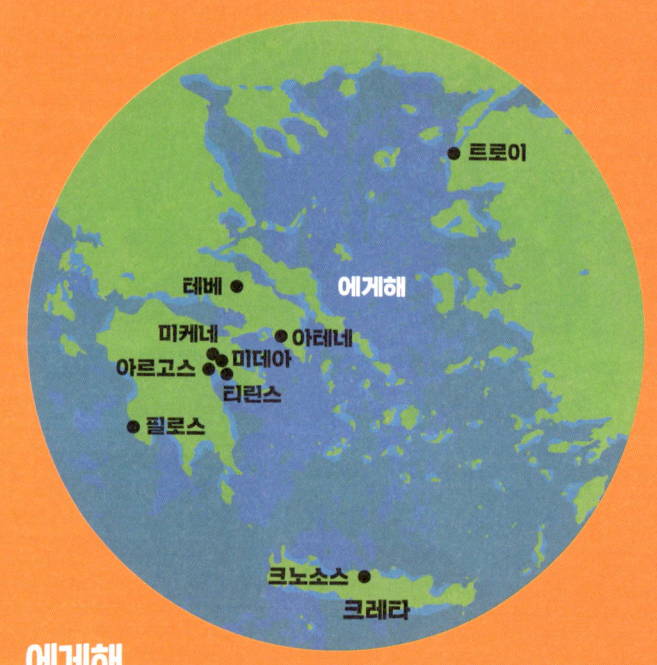

에게해

에게해는 지중해를 이루는 여러 작은 바다 가운데 하나이다. 에게해의 서쪽에는 미케네 사람들의 근거지인 그리스가, 남쪽에는 미노스 사람들이 살았던 크레타섬이 있다. 동쪽에는 히타이트 사람들이 기원전 1700년에서 1200년 사이에 제국을 세웠던, 오늘날의 터키가 있다.

도움말 주신 전문가: 존 베넷 **함께 보아요:** 갈등과 전쟁, 5권 24~25쪽; 읽기와 쓰기, 5권 28~29쪽; 죽음의 의식, 5권 48~49쪽; 고대 그리스, 6권 30~31쪽; 알렉산드로스 대왕, 6권 32~33쪽

미노타우로스

그리스 신화에서 크레타의 미노스 왕은 남자의 몸에 황소의 머리를 한 야수 미노타우로스를 미로에 가두었다. 아테네에서 온 사람들이 미노스의 아들 하나를 죽이자, 미노스는 9년에 한 번씩 젊은 남자와 젊은 여자 7명씩을 미노타우로스에게 제물로 바치라고 그리스에 강요했다. 결국 아테네의 영웅 테세우스가 미노타우로스를 죽이고, 테세우스를 사랑하게 된 미노스의 딸 아리아드네의 도움으로 미로를 탈출했다.

신화에서 미노타우로스는 미노스의 아내가 포세이돈이 보내 준 하얀 황소와의 사이에서 낳은 자식이었다.

영웅 테세우스는 검으로 미노타우로스를 죽였다.

미케네의 도시들

한때 그리스 문명의 중심지였던 미케네의 여러 무덤에서 아가멤논 왕의 장례를 위해 만든 것으로 알려진 황금 가면을 비롯해 매우 아름다운 유물들이 많이 발견되었다. 미케네 사람들은 그리스 본토 여러 곳에 요새와 같은 성을 지었고, 성을 중심으로 미케네, 필로스, 티린스와 같은 큰 도시가 성장했다.

페니키아 사람들

페니키아 사람들은 지중해 동쪽 해안에 있는 오늘날의 레바논 지역에 살았는데, 큰 배를 만드는 기술과 뛰어난 항해술을 가지고 있었다. 페니키아 사람들은 기원전 약 2000년 동안 지중해 연안을 탐험하면서 많은 도시를 건설하고 무역 활동을 통해 지금의 스페인 지역까지 진출했다.

현실 속의 트로이 전쟁

트로이의 목마는 그리스 신화에 나오는, 트로이 전쟁 중에 그리스 사람들이 나무로 만든 말이다. 10년 동안의 전쟁에 지친 그리스 병사들은 아테나 여신에게 바치는 커다란 목마를 만들고 그 안에 숨었다. 트로이 사람들은 그리스 군대가 철수한 줄 알고, 이 목마를 성문 안에 들여놓았다. 날이 어두워지자, 숨어 있던 그리스 병사들이 내려와 성문을 열고 그리스 군대를 성으로 들어오게 하여 트로이를 함락시켰다.

이 신화 속에는 진실이 두 가지 들어 있다. 성을 공격하는 병기를 젖은 말가죽으로 덮어 불에 타지 않도록 보호했다는 것과, 미케네 사람들이 트로이 근처에서 기원전 1200년 무렵 전쟁을 벌였다는 것이다.

밝혀지지 않은 이야기

미노스의 문자 체계는 과연 해독될 수 있을까?

미노스 사람들은 문자 체계를 두 가지 가지고 있었다. 하나는 선형 문자 A라고 하는 것이었는데 소, 돼지, 곡식과 같은 몇 가지 대상과 소리를 나타내는 기호였다. 학자들은 선형 문자 A를 완전히 해독할 수 없었지만, 미케네의 문자 체계인 선형 문자 B는 읽을 수 있었다. 선형 문자 B는 그리스어를 기록하는 데 쓰였다.

미케네에서 발견된 이 판은 선형 문자 B로 기록되었다.

올멕과 마야

위대한 두 문명이 메소아메리카의 열대림에서 발생했다. 메소아메리카는 멕시코에서 중앙아메리카에 이르는 지역을 말한다. 기원전 1500년까지 올멕 사람들은 농사를 지으면서 마을과 도시를 이루어 살았고, 점점 큰 도시로 발전했다. 아메리카 대륙에서 가장 오래된 문명으로 알려진 올멕 문화는 지금의 과테말라 지역에 있었던 마야 문명, 그리고 기원전 1200년 무렵의 벨리즈 문명에 영향을 끼쳤다.

메소아메리카 전통 공놀이를 하는 올멕 선수들은 투구 모양의 모자를 썼다.

올멕 공예가들은 돌 도구를 사용해 바위를 쪼아내어 얼굴을 조각했다.

이 거대한 바위는 현무암인데, 구멍이 나 있는 화산암이다.

거대한 머리

올멕 사람들은 바위로 거대한 머리 조각상인 두상을 만들었다. 투구를 닮은 모자를 쓴 두상은 높이가 1.5미터에서 3.4미터에 이르고 무게는 몇십 톤까지 나간다. 지금까지 17개가 발견되었는데 가장 큰 것은 코끼리보다도 크다. 이 두상들은 올멕의 통치자나 공놀이 선수들의 얼굴일 것이라고 전해져 왔지만, 신에게 바치는 적의 머리였을 것이라는 말도 있다.

무역과 문화

올맥의 공예가들은 이 동상과 같은 공예품을 조각하기 위해서 먼 곳에서 재료를 들여왔다. 올멕 사람들은 메소아메리카 여러 곳과 매우 활발하게 무역 활동을 했다. 올멕 사람들은 옥과 같은 원석이나 희귀한 조개껍데기를 새의 깃털이나 색깔 있는 돌, 화산 작용으로 만들어진 천연 유리인 흑요석과 바꾸어 칼날이나 화살촉을 만들었다.

마야 사람들이 이루어낸 것들

마야 사람들은 수학과 천문학에 대한 뛰어난 이해가 있었기 때문에 마야 문명이 높은 수준으로 발전할 수 있었다.

1. 수학 마야 사람들의 숫자는 기호 3개로 구성되었다. 점 하나는 1을 뜻했고, 가로 막대 하나는 5를 뜻했으며, 조개 모양은 0을 나타냈다. 이 세 가지 기호로 마야 사람들은 어떤 수든 표현할 수 있었다.

2. 달력 마야 사람들은 행성과 별, 태양과 달의 움직임을 관찰하여 시간을 정확히 표시했다. 마야 달력의 한 달은 20일이었다. 한 해에 18달을 두고 마지막에 5일을 붙여, 마야 달력의 한 해는 오늘날의 태양력과 같이 365일이었다.

3. 건축 기원전 600년 무렵부터 대도시를 건설했다. 광장을 이루는 높고 거대한 계단 위에 신전, 궁전, 공공건물과 같은 건축물들이 세워져 있었다.

4. 미술 마야 사람들은 화려한 그림과 조각, 돌을새김, 벽화 등으로 건축물을 장식했는데 보통 신화에 나오는 장면을 묘사했다.

5. 문자 상형 문자로 알려진 문자 800개를 사용했다. 마야 문자는 사물의 모습을 본떠서 만든 문자이지만 뜻을 전할 수도 있고 소리를 나타낼 수도 있었다. 마야 사람들은 나무껍질로 종이를 만들어 쓰기도 했다.

도움말 주신 전문가: 엘리자베스 그레이엄 **함께 보아요:** 갈등과 전쟁, 5권 24~25쪽; 게임과 스포츠, 5권 44~45쪽; 스톤헨지, 6권 12~13쪽; 고대의 신들, 6권 18~19쪽; 안데스 문명, 6권 20~21쪽; 아즈텍 문명과 잉카 문명, 7권 10~11쪽; 환경 문제, 8권 32~33쪽

메소아메리카 공놀이

올멕 사람들과 마야 사람들은 다른 메소아메리카 사람들과 마찬가지로 공놀이를 즐겼다. 단단한 고무공을 사용하는 메소아메리카의 전통 공놀이는 배구와 스쿼시를 합쳐 놓은 것과 비슷한 운동으로, 선이 그려진 경기장에서 했으며, 2팀 또는 2명이 할 수 있었다. 선수들의 팔꿈치, 무릎, 엉덩이만을 이용해서 공을 받아 상대 팀 쪽으로 중앙선을 넘겨 보내는 경기였는데, 공이 선 밖으로 나가면 점수를 잃었다.

경기에는 단단한 고무공을 사용했다.

올멕 사람들은 보통 투구 모양의 모자를 썼고, 마야 사람들은 정교한 머리 장식을 썼다.

무게가 4.5킬로그램까지 나가는 공에 선수들이 부상을 입지 않도록 솜을 덧대 둘렀다.

밝혀지지 않은 이야기

마야 도시들은 왜 멸망했을까?

서기 800~950년 무렵 마야의 도시들이 몰락하기 시작했다. 지금의 과테말라에 있었던 몇몇 도시들은 곧 무성한 숲에 묻혀버렸고, 유카탄반도와 벨리즈 해안에 있던 다른 도시들은 어느 정도 남아 있다가 사라졌다. 마야 도시들이 멸망한 후에 바다를 통한 무역이 중요해지기 시작했다. 학자들은 아직도 무엇 때문에 이런 멸망과 변화가 일어났는지 확실히 알지 못하고 있다. 오랜 가뭄이나 환경 파괴가 원인이라고 생각하는 학자들도 있고, 도시 사이에서 일어났던 전쟁 때문이라고 생각하는 학자들도 있다. 이 수수께끼는 풀리지 않은 채 남아 있다.

전문가의 한마디!

엘리자베스 그레이엄
고고학자

큰 도시를 건설한 마야에서는 소나 양과 같은 가축을 전혀 키우지 않으면서도 수많은 사람들이 먹고 살았다. 마야 사람들은 주로 채식을 했지만, 칠면조·오리·물고기·거북이나 사냥한 사슴도 먹을거리로 삼았다. 마야의 도시들은 나무와 풀, 정원이 많은 녹색 도시였다.

" 마야의 도시를 모범으로 삼는다면 현대의 도시도 더 살기 좋은 환경으로 바뀔 수 있을 거예요. "

페르시아 제국

중앙아시아에서 서쪽으로 퍼져나갔던 고대 이란 사람들이 메디아 왕국과 페르시아 제국을 세웠다. 키루스 대제는 메디아 왕국을 손에 넣은 후 기원전 550년 페르시아 제국을 세우고, 바빌로니아를 정복했다. 다리우스 대제의 정벌로 페르시아 제국의 영토는 더 넓어졌다. 페르시아 제국은 다리우스 대제의 아들 크세르크세스 대제가 그리스 정복에 실패한 후에도 150년 동안 강력한 힘을 유지했으나 기원전 330년 마케도니아의 알렉산드로스 대왕에게 무너졌다.

금으로 된 장신구

페르시아 제국의 상류층 사람들은 청금석이나 터키석과 같은 보석들이 박혀 있는 금 장신구를 착용했다. 이 섬세하고 화려한 금귀걸이에는 페르시아에도 전해져서 숭배의 대상이 되었던 이집트의 신 베스가 묘사되어 있다. 페르시아 사람들은 자신들이 다스리는 다른 나라 사람들과도 문화나 종교를 서로 주고받는 편이었다.

페르시아 전사들

페르시아 제국 수도였던 수사에 있는, 다리우스 대제의 궁전 벽에 그려져 있는 그림에서 페르시아 전사들의 옷차림, 창과 활과 같은 무기를 볼 수 있다. 페르시아 군대에는 걸어 다니는 보병과 말을 타고 싸우는 기병이 있었다. 평생 궁전과 요새를 지키는 직업 군인들도 있었고, 임시로 고용되거나 선발된 군인들도 있었다.

도움말 주신 전문가: 존 하일랜드 함께 보아요: 옷과 장식, 5권 20~21쪽; 갈등과 전쟁, 5권 24~25쪽; 화폐, 5권 36~37쪽; 고대 메소포타미아, 6권 10~11쪽; 고대 그리스, 6권 30~31쪽; 알렉산드로스 대왕, 6권 32~33쪽

페르시아 사람들이 이룬 것

아케메네스 왕조의 이름을 따서 아케메네스 제국이라고도 부르는 페르시아 제국은 위대한 지도자들 아래에서 높은 수준의 문명을 이루었다.

1. 키루스 원통 키루스 대제의 선언이 새겨진 진흙으로 만든 원통이다. 기원전 539년 바빌로니아를 점령한 것을 기념한 것으로, 바빌로니아의 가장 높은 신이 바빌로니아의 평화와 질서를 회복하고 백성들을 구하기 위해 키루스 대제를 선택했다는 주장이 실려 있다.

2. 정부 페르시아 제국에서는 지방을 20개로 나누어 속주를 두었으며, 속주에는 총독이 파견되었다. 총독은 질서를 유지하고, 군대를 양성했으며, 세금을 걷었다.

3. 우편 제도 페르시아 제국에는 초보적인 형태의 우편 제도가 있었다. 전령들은 말을 타고 다녔으며, 대제의 문서를 전달받아 다음 전령에게 전달하는 식으로 운영되었다.

4. 화폐 다리우스 대제가 다스리던 때에 금화와 은화가 사용되기 시작했다. 물건과 물건을 바꾸는 방식의 물물교환으로 이루어질 때보다 상업 활동이 훨씬 편리하게 되었다.

세상을 바꾼 인물
다리우스 대제
페르시아 제국의 왕, 기원전 522~486년 통치

기원전 522년 페르시아의 왕위에 오른 다리우스 대제는 지금의 불가리아에 있었던 트라키아를 거쳐 지금의 인도 지역까지 정복했다. 다리우스 대제가 다스릴 때 제국의 영토가 가장 넓어서 발칸반도에서부터 인더스 계곡까지 5000킬로미터에 이르렀다. 수도였던 파르스 요새 유적에서 발굴된 점토판에는 관리들이 페르시아 제국에서 일꾼들을 관리하고 세금을 징수할 때의 행정적인 내용들이 기록되어 있다.

왕의 길

페르시아 제국에서는 주요 도시 사이를 군대와 전령이 빠르게 이동할 수 있도록 '왕의 길'이라고 하는 고속도로를 건설했다. 왕의 길에 연결된 도로들이 페르시아 제국의 두 수도인 수사와 파르사를 지금의 터키에 있었던 사르데스나 지금의 이라크에 있었던 바빌론과 같은 다른 도시들과 이어 주었다.

아토사 왕비

페르시아의 왕비들은 대제에게서 넓은 토지와 일꾼들을 선물로 받았으며, 때로 대제와 따로 제국을 여행하기도 했다. 잘 알려진 왕비로는 키루스 대제의 딸이었고 다리우스 대제의 여섯 아내 중 한 명이었던 아토사 왕비가 있다. 아토사는 아들인 크세르크세스가 기원전 486년에 다리우스의 뒤를 이어 왕위를 계승할 수 있도록 도왔다.

장엄한 도시들

페르시아 제국에는 바빌론과 멤피스 등 여러 주요 도시가 있었지만, 그리스 사람들에게는 '페르세폴리스'라고 알려졌던 파르사와 수사가 가장 중요한 도시였다. 두 도시 모두 기원전 520년 무렵부터 다리우스 대제가 지금의 이란 남부 지역에 건설하기 시작했다. '페르시아'라는 말의 뿌리이기도 한 파르사에는 관청 건물이 많았으며, 아파다나 궁전이라고 하는 웅장한 접견장에는 동시에 1만 명이 들어갈 수 있었다.

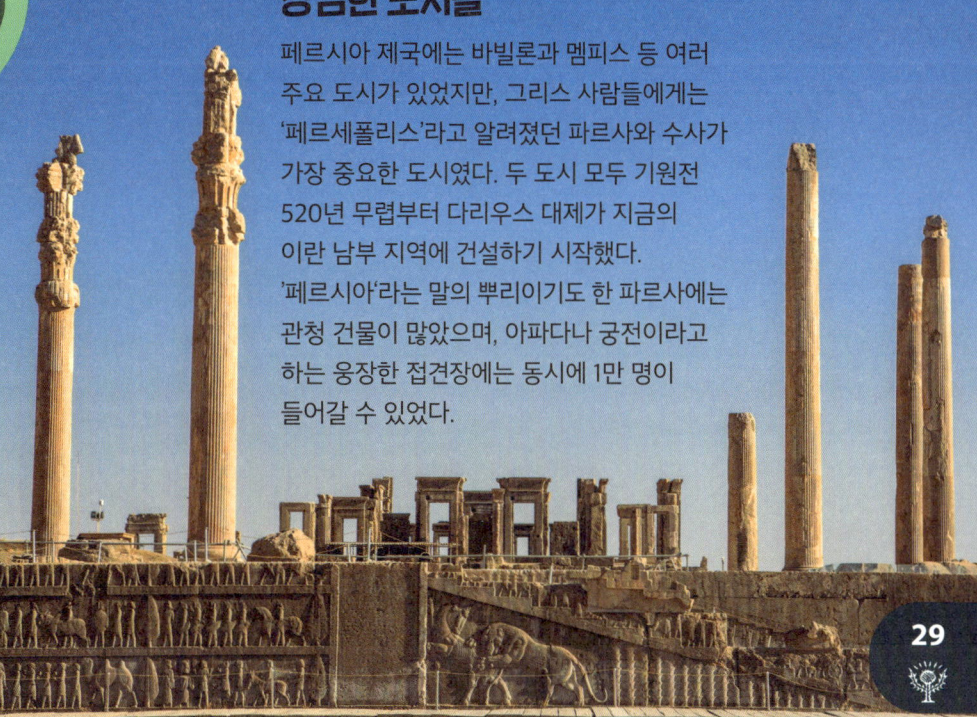

고대 그리스

고대 그리스는 통치자 한 명이 다스리는 나라가 아니었고, 각각 독립된 도시 국가들로 이루어져 있었다. 도시 국가는 도시와 주변 지역으로 이루어진 작은 나라를 말한다. 고대 그리스의 도시 국가들은 1000개가 넘었으며, 저마다 군대와 시장, 서로 다른 법과 관습을 가지고 있었다. 경쟁적인 관계에 있는 도시 국가들끼리는 영역과 영향력을 놓고 서로 싸움을 벌이는 일이 많았다. 지중해 건너 다른 나라에 식민지를 건설하여 자신들의 문화를 전파한 나라들도 있었다. 가장 부유한 도시 국가는 강력한 해군을 보유했던 아테네였다.

무역과 학문의 중심지

학교 풍경이 그려져 있는 이 잔은 아테네에서 만들어진 것이다. 아테네는 소크라테스, 플라톤, 아리스토텔레스와 같은 위대한 철학자를 배출한, 학문과 교육의 중심지였다. 이런 장면은 그리스의 술잔이나 꽃병, 올리브유나 포도주를 담아두는 항아리인 암포라와 같이 지중해 연안 주요 무역 품목이었던 도자기에 자주 등장하는 소재였다.

스파르타의 여성들

전사들로 유명한 도시 국가 스파르타에서는 여성들도 운동선수처럼 신체를 단련했다. 기원전 6세기에 만들어진 이 동상은 스파르타의 소녀를 묘사하고 있다. 여성들은 고대 올림픽에 선수로 출전할 수가 없었지만, 스파르타의 공주였던 키니스카가 최초로 올림픽 여성 챔피언이 된 적이 있다. 기원전 396년 말 4마리가 끄는 전차 경기에서 키니스카가 우승했던 것이다. 키니스카는 4년 뒤에 열린 392년 경기에서도 우승했다.

스파르타의 여성들은 달리기, 레슬링, 창 던지기 등의 스포츠에 참여했다.

교사가 들고 있는 것은 밀랍을 바른 판과 밀랍판에 글씨를 쓰는 철로 만든 펜이다.

학생들은 음악, 읽기, 시, 그리고 설득력 있게 토론하는 법을 배웠다.

교사들은 엄격했고 학생들에게 긴 시를 외우게 했다.

기원전 500년 무렵 술잔에 그려진, 학생과 스승이 등장하는 그림이다.

도움말 주신 전문가: 빌 파킨슨 **함께 보아요:** 종교, 5권 22~23쪽; 갈등과 전쟁, 5권 24~25쪽; 읽기와 쓰기, 5권 28~29쪽; 범죄와 법, 5권 38~39쪽; 교육, 5권 40~41쪽; 게임과 스포츠, 5권 44~45쪽; 죽음의 의식, 5권 48~49쪽; 페르시아 제국, 6권 28~29쪽

그리스 문화의 영향

고대 그리스의 영향을 받아 다른 나라들도 그리스의 미술과 건축 양식을 따라 했다. 오늘날의 터키 남서부 지역, 고대 페르시아 제국 영토 리키아의 수도 크산토스에 있던 아르비나스 왕의 추모탑은 그리스 도시 국가의 시민군인 장갑 보병의 조각으로 장식되어 있다. 장갑 보병은 갑옷·투구·방패와 칼·창을 갖춘 병사를 말한다. '네레이드 추모탑'이라고 하는 이 건축물의 윗부분은 그리스 아테네 신전 건축 양식의 영향을 받았다.

그리스의 정치

그리스 도시 국가들의 정치 제도는 크게 4가지 유형으로 이루어졌다.

1. 군주제 기원전 9세기 이전에는 왕이 각 도시 국가를 다스렸고, 왕의 가족 가운데 보통 아들에게 왕의 자리를 물려주었다. 스파르타는 두 명의 왕이 동등한 권력으로 함께 다스렸다.

2. 과두제 '소수가 다스린다'는 뜻으로, 보통 부유층이나 귀족으로 구성된 소수의 시민 집단이 함께 도시 국가를 다스렸다.

3. 독재 고대 그리스에서는 '독재자'가 반드시 나쁜 지도자라는 의미는 아니었다. '독재'란 권력을 물려받은 군주제의 왕과는 다른 방법으로 권력을 갖게 된 지도자가 혼자 다스리는 것을 뜻했다.

4. 민주주의 기원전 400년 무렵이 되자 그리스의 몇몇 도시 국가들은 '시민이 다스리는 나라'라는 뜻의 민주주의를 채택했다. 여자와 노예를 제외한 성인 남성 시민들이 민회에 직접 참석하여 투표를 통해 법을 만들거나 관리를 선출했다.

제우스
신들의 왕

헤르메스
신들의 전령

포세이돈
바다의 신

아프로디테
사랑의 여신

아폴로
태양의 신

헤라
혼인의 여신

아르테미스
사냥의 여신

아테나
지혜의 여신

데메테르
추수의 여신

디오니소스
술의 신

헤파이스토스
불의 신

아레스
전쟁의 신

고대 그리스의 신

고대 그리스인들은 많은 신을 섬겼다. 그리스의 신들은 모두 서로 다른 능력이 있었고, 성격도 달랐다. 그리스 북부의 올림포스산에 살고 있다고 믿었기 때문에 '올림포스 신'이라고 불렸던 주요 12신은 각자 세상의 다른 부분을 돌보았다. 올림포스 신의 왕은 제우스이고 왕비는 혼인과 가정의 여신인 헤라였다.

전문가의 한마디!

빌 파킨슨
고고학자

고고학자들은 인류 문화가 오랜 시간에 걸쳐 어떻게 변화했는지 연구하는 사람들이다. 사람들이 어떻게 함께 농사를 지으며 마을을 이루어 살기 시작했는지, 작은 마을이 어떻게 큰 도시로 성장하게 되었는지 알고 싶어 한다. 고고학은 역사가 글로 남아 있는 시대보다 훨씬 이전에 살았던 사람들의 삶과 문화를 연구하는 학문이다.

"우리는 사람들에 관해 연구해요. 고대의 배설물에서도 엄청나게 많은 정보를 얻어낼 수 있지요!"

동서남북의 네 방향에 돌로 세운 문이 있으며, 부처의 모습 대신 부처의 생애와 가르침을 상징하는 조각이 새겨져 있다.

반구형 지붕은 지구를 덮고 있는 하늘을 나타낸다고 하는데, 지름이 36.6미터이다.

마우리아 제국

기원전 321년 찬드라굽타 마우리아가 세운 마우리아 제국은 지금의 인도에 있었던 최초의 제국이자 가장 큰 나라였다. 찬드라굽타 마우리아 황제의 손자 아소카 황제는 기원전 273~232년 무렵 통치했는데, 불교를 주요 종교로 만들었고 영토를 500만 제곱킬로미터까지 확장했다. 아소카 황제가 사망한 후 제국은 힘을 잃어 기원전 185년에 멸망했다.

신성한 불탑

산치 대탑은 인도 중부의 산치에 있는, 반구형 지붕으로 덮인 탑이다. 부처와 관련 있는 상징과 장면들을 정교하게 조각하여 입구를 장식했다. 기원전 3세기 아소카 황제가 세운 이 탑에는 부처의 사리가 안치되어 있는 것으로 알려져 왔다. 처음에는 단순한 규모였지만 기원전 2세기에 크게 확장되었다.

도움말 주신 전문가: 도미니크 우자스틱 **함께 보아요:** 종교, 5권 22~23쪽; 갈등과 전쟁, 5권 24~25쪽; 스톤헨지, 6권 12~13쪽; 알렉산드로스 대왕, 6권 32~33쪽; 무굴 제국, 7권 14~15쪽

마우리아 제국의 역사

기원전 321년 인도 북부 마가다 왕국의 왕인 찬드라굽타 마우리아가 마우리아 제국을 세우고 황제가 되었다.

기원전 305년 찬드라굽타 마우리아 황제가 알렉산드로스 대왕의 후계자로 페르시아 일대를 다스렸던 셀레우코스 니케토르를 물리쳐 셀레우코스 왕조가 영토를 인도까지 넓히려는 것을 막았다.

기원전 297년 찬드라굽타 마우리아 황제가 죽고 아들 빈두사라가 뒤를 이어 황제가 되었다.

기원전 273년 빈두사라 황제가 죽었다. 아소카가 황제가 되기 위해 나섰으나, 아소카의 형제들이 반발했기 때문에 기원전 268년 무렵까지는 황제로서의 위치가 확고하지 않았다.

기원전 261년 10년에 걸친 칼링가 전쟁이 아소카 황제의 승리로 끝났다.

기원전 249년 아소카 황제가 석가모니의 탄생지인 네팔의 룸비니로 순례를 떠나 사암으로 된 기둥을 세우고 불경을 새겨 넣었다.

기원전 185년 마우리아 제국의 군사령관이었던 푸샤미트라가 마우리아 제국의 마지막 황제인 브리하드라타를 살해하고 숭가 왕조를 세워 인도 중부를 1세기 가량 다스렸다.

기원전 100년~기원후 100년 훌륭하게 나라를 다스리는 법을 담은 책 <아르타샤스트라>의 편찬이 이루어졌다. 찬드라굽타 마우리아 황제의 스승 카우틸랴가 처음 쓴 내용을 바탕으로 몇 세기에 걸쳐 여러 학자들이 정리했다.

기원후 320년 찬드라굽타 1세가 굽타 제국을 세우고 인도 북부를 통일했다. 굽타 제국은 서기 6세기 중반까지 강대국으로 남아 있으면서 오늘날의 인도 문화를 이루었다.

세상을 바꾼 인물

아소카
인도의 황제, 기원전 273~232년 무렵 통치

아소카 황제는 사려 깊고 친절하며 현명한 지도자였다고 한다. 기원전 261년, 아소카 황제는 길고 처절한 전쟁 끝에 마침내 동부에 있던 작은 나라 칼링가를 정복했다. 피로 얼룩진 전쟁에 지친 아소카 황제는 평화적으로 나라를 다스리겠다고 맹세했고, 불교를 믿기 시작했다. 아소카 황제가 사망할 때 마우리아 제국의 영토는 지금의 인도 거의 모든 지역을 아우르고 있었다.

불교

아소카 황제는 불교 신자가 된 후 백성과 신하들에게도 불교를 장려하고 재산을 풀어 백성들을 도왔다. 고기를 먹지 않게 되었고, 부처의 유적을 찾아 순례하고 사원을 지었으며, 아시아 여러 나라로 승려를 보내어 부처의 가르침을 전파하게 했다.

사실은!

찬드라굽타 마우리아 황제는 매일 밤 다른 침상에서 잤다. 마우리아 제국을 세운 찬드라굽타 마우리아 황제는 잠든 사이에 침입한 적에게 암살당할 것을 매우 두려워했다. 하인들은 독이 들어 있을 경우를 대비해서 황제가 음식을 먹기 전에 먼저 맛을 보았다. 황제는 암살 음모를 미리 발견해서 귀띔해 줄 첩자들을 두기도 했다.

아소카의 칙령

사자 한 마리가 윤이 나도록 갈고 닦은 돌기둥 위에 앉아 있다. 아소카 황제는 이런 기둥을 마우리아 제국 곳곳에 세웠다. 숙련된 공예가들이 기둥에 불교의 상징과 동물을 조각하고, 아소카 황제의 일생에 관한 자세한 이야기와 불교의 가르침, 종교와 정치에 대한 생각을 새겼다. 이렇게 새겨진 글들을 '아소카의 칙령'이라고 하는데, 30개가 넘게 남아 있다. 대부분은 바위에 새겨져 있지만, 동굴 벽에 새겨져 있는 것도 있다.

병마용 군대는 진시황제 무덤의 바깥 벽에서 1200미터 떨어진 곳에서 발견되었다.

진흙 병사는 각 부위가 따로 만들어졌고, 얼굴은 실제 사람처럼 표정이 풍부하다.

만리장성의 3분의 1은 강이나 산등성이 같은 자연적인 장벽으로 이루어져 있다.

만리장성

고대 중국의 통치자들은 북쪽의 적들이 침입하지 못하도록 곳곳에 성벽을 쌓았다. 진시황제는 이 여러 성벽을 함께 연결해 하나로 만들어 길고 긴 성이라는 이름의 '장성'이라고 했는데, 길이가 1만 리, 지금의 4000km가 넘는다고 하여 보통 '만리장성'이라고 부른다. 만리장성을 만들다가 사고 때문이거나 지쳐서 수천 명이 희생되었다. 진시황제 이후의 다른 황제들도 여러 세기에 걸쳐 성벽을 더해 총 길이가 8850킬로미터로 늘었다.

도움말 주신 전문가: 송허우메이 **함께 보아요:** 종교, 5권 22~23쪽; 갈등과 전쟁, 5권 24~25쪽; 스톤헨지, 6권 12~13쪽; 알렉산드로스 대왕, 6권 32~33쪽; 무굴 제국, 7권 14~15쪽

흙을 구워 만든 군대

1970년대 들어 고고학자들이 고대 중국 황제의 거대한 무덤 근처에서 진흙으로 빚고 불에 구워 만든 실제 크기 병사와 말의 모형을 발견했다. 8000개가 넘는 이 진흙 병사들은 어린 나이에 진나라의 왕이 되었다가 기원전 221년 중국을 통일한 진시황제를 위해 만들어진 것이었다. '진시황제'는 스스로 '첫 번째 황제'라는 뜻으로 지은 이름이다. 진흙으로 구워 만든 병사와 말을 '병마용'이라고 부른다.

열을 지어 전투 준비

진시황제는 죽기 전부터 거대한 무덤을 지으라고 명령했다. 이 무덤의 면적은 50제곱킬로미터에 이른다. 병마용으로 이루어진 군대는 땅속 여러 구덩이 속에서 청동 전차와 함께 발견되었다. 병마용 군대는 동쪽을 향해 줄을 지어 서서, 쳐들어올지 모르는 적들을 경계하고 있다.

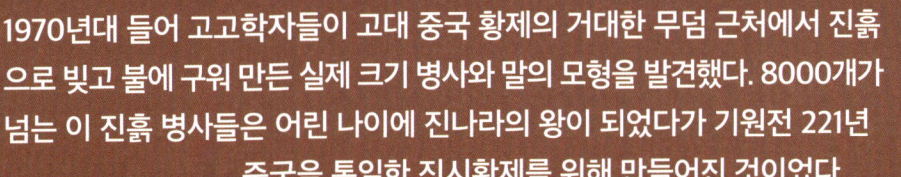

다른 얼굴이 적어도 10가지나 발견된 것으로 보아 서로 다른 얼굴 모양의 틀 10개 이상을 사용했을 것이다.

병마용은 여러 색깔로 칠해져 있었지만, 발굴되어 햇빛을 만나자 색깔이 날아가 버렸다.

고대 로마

고대 로마는 지금의 이탈리아에 있는 작은 도시에서 시작해 영국에서 북아프리카와 서아시아를 아우르는 넓고 넓은 제국으로 발전했다. 고대 로마는 기원전 500년 로마 공화국으로 세워진 후 기원전 27년 로마 제국으로 발전했고, 북쪽에서 침략한 민족들에게 패한 기원후 476년 무렵까지 1000년 동안 이어졌다. 로마 사람들은 스스로 고대 그리스의 전통을 물려 받았다고 생각했다. 로마의 신들은 그리스의 신에 바탕을 두었고, 그리스식 민주주의를 실험했다.

로물루스와 레무스

로마는 레아 실비아 공주의 아들인 로물루스가 세웠다고 하는 전설이 있다. 권력 다툼을 하던 삼촌 아물리우스 왕이 쌍둥이로 태어난 로물루스와 동생 레무스를 바구니에 담아 강물에 버렸는데, 암컷 늑대가 구해서 젖을 주고, 딱따구리가 먹을 것을 구해 먹였다. 양치기가 발견해서 키워 어른이 된 쌍둥이는 함께 아물리우스 왕을 물리쳤지만, 새로 도시를 세우는 과정에서 서로 다투게 되었고, 로물루스가 레무스를 죽였다. 로물루스는 도시의 이름을 '로마'라고 붙이고 첫 번째 왕이 되었다.

포에니 전쟁

기원전 3세기와 2세기에 걸쳐 로마가 지금의 북아프리카 튀니지에 있었던 고대 국가 카르타고와 치른 세 차례 전쟁을 '포에니 전쟁'이라고 한다. 전쟁에서 코끼리를 말처럼 사용한 것으로 유명한 카르타고의 명장 한니발이 로마의 군대에 대항했지만, 기원전 146년 로마 군대가 카르타고를 무찌르면서 전쟁이 끝났고, 이후 로마가 지중해에서 가장 강한 나라로 자리잡았다.

율리우스 카이사르

기원전 49년 이탈리아 북부 유럽의 넓은 지역을 차지하고 있던 갈리아를 정복한 후 로마로 돌아온 장군 율리우스 카이사르는 스스로 독재자의 자리에 올랐다. 5년간의 내전이 이어졌지만 카이사르를 따르는 세력이 승리했다. 카이사르가 왕이 되는 것을 두려워했던 몇몇 원로원 의원들이 주동하여 음모를 꾸몄고, 기원전 44년 3월 15일 카이사르는 원로원에서 60명의 칼에 찔려 숨을 거두었다. '3월 15일을 조심하라'한 예언가의 말이 실현된 것이었다.

도움말 주신 전문가: 던컨 키넌 존스 함께 보아요: 화산, 2권 18~19쪽; 갈등과 전쟁, 5권 24~25쪽; 언어와 이야기, 5권 26~27쪽; 범죄와 법, 5권 38~39쪽; 미노스 문명, 미케네 문명, 페니키아 문명, 262~63쪽; 고대 그리스, 6권 30~31쪽; 비잔티움 제국, 6권 40~41쪽

로마 제국

로마는 기원전 5세기부터 영토를 크게 넓혔다. 로마 군대는 지금의 이탈리아를 정복했고, 카르타고에 승리하면서 북아프리카와 지금의 스페인이 있는 이베리아반도도 손에 넣었다. 이어 그리스, 시리아, 소아시아를 차지하고 갈리아를 정복했으며 브리튼을 침략했다. 기원후 98년에서 기원후 117년 사이 트라야누스 황제 때 가장 넓었던 로마 제국의 영토는 북에서 남까지 3700킬로미터, 동에서 서까지 4000킬로미터에 이르렀다.

기원전 220년, 로마는 오늘날의 스페인과 포르투갈인 이베리아반도를 침략하기 시작했다.

로마 사람들은 기원후 43년부터 410년까지 지금 영국의 일부 지역인 브리튼을 점령했으며, 이곳이 로마 제국의 북쪽 경계선이 되었다.

기원전 146년, 로마는 그리스를 정복했다.

시리아가 기원전 64년에 로마에 함락되었다.

율리우스 카이사르가 기원전 50년까지 지금의 프랑스에 있던 갈리아를 로마의 지배 아래 두었다.

카르타고 제국의 수도 카르타고가 기원전 146년 로마에 함락되었다.

기원전 31년, 뒤에 황제가 되는 아우구스투스가 이집트의 클레오파트라 여왕을 무찔러 이집트를 로마의 속주로 만들었다.

로마의 예술

고대 그리스 현악기 키타라를 연주하는 여인이 담긴 이 그림은 프레스코 기법으로 그려진 화려한 벽화이다. 이 그림을 보면 예술이 로마 사람들에게 얼마나 중요했는지 알 수 있다. 이 벽화는 기원후 79년 베수비오 화산이 폭발해 화산재에 파묻힌 채 폐허로 남아 있던 이탈리아 남부 도시 폼페이에서 발굴된 것이다. 폼페이 발굴 작업으로 장신구, 그림, 조각상과 같이 고대 로마 사람들의 일상생활을 보여주는 구체적인 자료들이 많이 발견되었다.

세상을 바꾼 인물

아우구스투스
로마의 황제, 기원전 27년~기원후 14년 통치

율리우스 카이사르의 후계자 아우구스투스는 왕이 되려는 마음이 없는 척하면서 신중하게 권력을 장악해 로마의 첫 번째 황제가 되었다. 카이사르가 사망한 후 마르쿠스 안토니우스와 함께 권력을 나누었던 아우구스투스는 후에 안토니우스에 등을 돌리게 되었고, 기원전 31년 안토니우스와 이집트의 여왕인 클레오파트라를 물리쳤다. 아우구스투스 황제는 예술을 장려하고 여러 도시를 건설했으며 도로를 만들었다. 로마 제국은 융성했고 평화와 번영을 누렸다.

로마의 유산

로마의 정치와 문화는 곳곳의 언어·문학·법률·정부·도로·건물에 영향을 미쳤다.

1. 정치 기원전 509년에서 기원전 27년 사이, 로마 공화국으로 불리는 시기에 로마 사람들은 군주제를 민주주의로 바꾸었는데, 투표는 자유 시민만 할 수 있었다.

2. 언어 현대의 프랑스어·스페인어·포르투갈어·이탈리아어·루마니아어의 뿌리는 고대 로마 사람들의 언어였던 라틴어이다.

3. 건축 로마 사람들은 훌륭한 건물을 설계하고 건축했다. 콜로세움 같은 몇몇 건물은 지금도 남아 있다.

4. 건설 로마 사람들은 도로와 수로 같은 큰 건설 공사를 잘했다. 강물과 도시를 연결하는 수백 킬로미터에 이르는 물길을 건설해 도시 곳곳에 깨끗한 물을 보냈다.

5. 전투 고도로 훈련되고 조직되어 매우 강력했던 로마의 군대는 이후의 전투에 큰 영향을 주었다.

6. 문학 로마에서는 베르길리우스, 호라티우스, 오비디우스와 같은 훌륭한 시인들이 나왔다. 이들의 작품은 후에 셰익스피어를 포함한 많은 작가에게 영향을 주었다.

비잔티움 제국

서기 395년, 로마 제국이 서로마 제국과 동로마 제국으로 나뉘면서 새로운 강대국이 등장했다. 서기 476년 무렵, 서로마 제국은 북쪽에서 온 훈족과 게르만족에게 함락되었다. 동로마 제국을 '비잔티움 제국'이라고도 한다. 비잔티움 제국은 번성하여 거의 1000년간 이어졌지만, 1453년 오스만 제국이 수도인 콘스탄티노폴리스를 기습하자 무너지고 말았다.

초기 그리스도교인들

예수 그리스도의 가르침에서 생겨난 그리스도교는 서기 380년에 로마 제국의 공식 종교가 되었다. 많은 사람들이 그리스도교로 개종하면서 이교도 사원들은 철거되고 교회가 지어졌으며, 성인들을 그린 성화와 모자이크로 화려하게 꾸며지기도 했다. 원로 그리스도교인들을 중심으로 계속 예배 모임을 열게 되면서, 그리스도에 대한 믿음을 가르쳐야 한다고 명시한 신앙 고백문이 생겨났다.

아야 소피아

지금의 터키 이스탄불을 말하는 도시 콘스탄티노폴리스에 있는 아야 소피아 대성당은 서기 537년 유스티니아누스 1세가 지었는데, 수천 년간 세계에서 가장 큰 성당이었다. '신성한 지혜'라는 뜻의 이 성당은 1453년 오스만 제국의 술탄 메흐메드 2세가 콘스탄티노폴리스를 정복한 후 이슬람교의 사원인 모스크로 바뀌었다.

- 아야 소피아 대성당의 높이는 56미터가 넘는다.
- 거대한 반구형 지붕은 558년 지진으로 일부가 무너져 내려 다시 지었다.
- 반구형 지붕 바로 아래 일렬로 난 창으로 햇살이 들어와 건물을 가득 채운다.

도움말 주신 전문가: 유지니아 러셀 **함께 보아요:** 종교, 5권 22~23쪽; 갈등과 전쟁, 5권 24~25쪽; 고대 로마, 6권 38~39쪽; 이슬람교의 황금기, 6권 46~47쪽; 중세 유럽, 6권 48~49쪽; 범죄와 법, 5권 38~39쪽

황금기

비잔티움 제국은 법률을 제정하고 예술을 후원한 유스티니아누스 1세 황제 때 최고의 전성기를 맞았다. 976년부터 1025년까지 다스린 바실리우스 2세 황제는 비잔티움 제국의 군대를 이끌고 유럽 남동부와 서아시아로 영토를 확장했다. 수도인 콘스탄티노폴리스는 유럽에서 가장 크고 부유한 도시였으며, 무역·건축·예술·정교회의 중심지였고, 귀한 책의 필사본을 구할 수 있는 문화의 터전이었다. 비잔티움 제국 시대의 벽화, 모자이크, 반구형 지붕 건물이 지금도 남아 있다. 이 그림은 829년부터 842년까지 다스린 테오필루스 황제에게 한 과부가 도움을 청하는 장면이다.

비잔티움 제국의 역사

395년 로마 제국이 동과 서로 분열되었다. 동로마 제국을 비잔티움 제국이라고 하는데, 수도는 콘스탄티노폴리스였다.

441~452년 훈족의 왕 아틸라가 비잔티움 제국, 갈리아, 이탈리아를 침략했다. 아틸라 왕은 453년에 죽었다.

527~565년 유스티니아누스 1세 황제가 페르시아, 북아프리카, 유럽에서 승리하면서 콘스탄티노폴리스가 세계에서 가장 중요한 도시로 떠올랐고, 비잔티움 제국의 영토는 서아시아에서 스페인까지 이르게 되었다.

963년 그리스 아토스산에 라브라대수도원이 세워지면서 아토스산은 비잔티움 그리스도교의 중요한 중심지가 되었다.

1054년 그리스도교가 동방 정교회와 로마 가톨릭교회로 분열되었고, 동방 정교회가 비잔티움 제국의 공식 종교가 되었다.

1071년 비잔티움 제국이 셀주크 제국에게 지금의 터키인 아나톨리아 지역을 빼앗겼다.

1204년 그리스도교 전사들인 십자군이 콘스탄티노폴리스를 점령했으나, 비잔티움 제국의 미하일 8세 황제가 1261년 다시 탈환했다.

1453년 오스만 제국이 콘스탄티노폴리스를 55일간 포위한 끝에 장악하고, 비잔티움 제국이 무너졌다.

세상을 바꾼 인물

테오도라
비잔티움 제국의 황후, 527~565년 통치

비잔티움 제국 역사상 가장 현명하며 강력한 권력을 가졌던 여성이었다. 곰 조련사의 딸이었으며 무희로 일했으나 유스티니아누스 1세와 결혼한 후 황제가 가장 신뢰하는 조언자가 되었다. 황후가 가진 영향력을 종교적, 정치적으로 좋은 정책을 만드는 데 활용했다. 여성의 권리에 대해 인식한 최초의 지도자로, 어린 소녀들을 보호하고 이혼한 여성의 권리를 보장하는 법안을 통과시키는 데 힘을 보탰다.

사실은!

비잔티움 병사들은 적에게 불을 쏘았다. 끊임없이 이슬람 국가의 공격을 받았던 비잔티움 사람들에게는 비밀 병기가 있었다. 알려지지 않은 화학 물질과 석유를 섞어 만든 '그리스의 불'로, 물을 뿌려도 꺼지지 않았다. 비잔티움 병사들은 그리스의 불을 관에 넣어 쏘거나 항아리에 넣어 던졌고, 673년에 침략한 아랍 함대를 격퇴했다.

고대 아프리카 왕국

서기 약 1000년 이전에는 강력한 제국들이 거대한 아프리카 대륙의 다양하고 넓은 지역을 다스렸다. 아프리카의 가나 제국과 같은 몇몇 나라는 사하라 사막을 동쪽에서 서쪽으로 가로지르는 무역로를 관리하면서 부유한 나라가 되었다.

카르타고
이집트
사하라
쿠시 왕국
가나 제국
악숨 왕국
아프리카
대서양

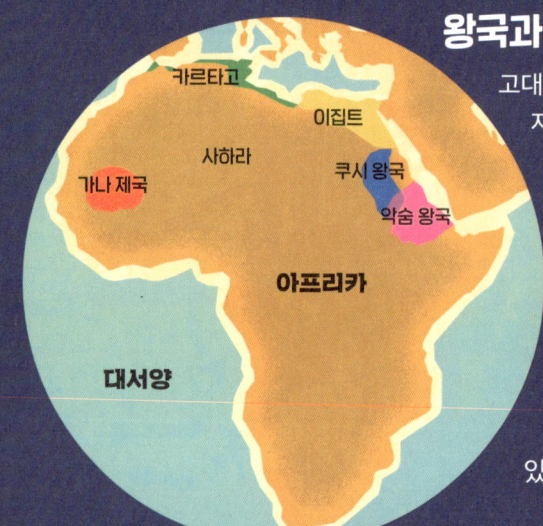

왕국과 제국

고대 아프리카 대륙의 나라들은 지중해에 있는 카르타고에서 사하라 남부의 가나 제국까지 이어져 있었고, 지금의 에티오피아와 에리트레아 지역에는 악숨 왕국이 있었다. 많은 왕과 지도자들이 강력한 나라들을 세웠는데, 오늘날의 국가보다 더 큰 나라도 있었다.

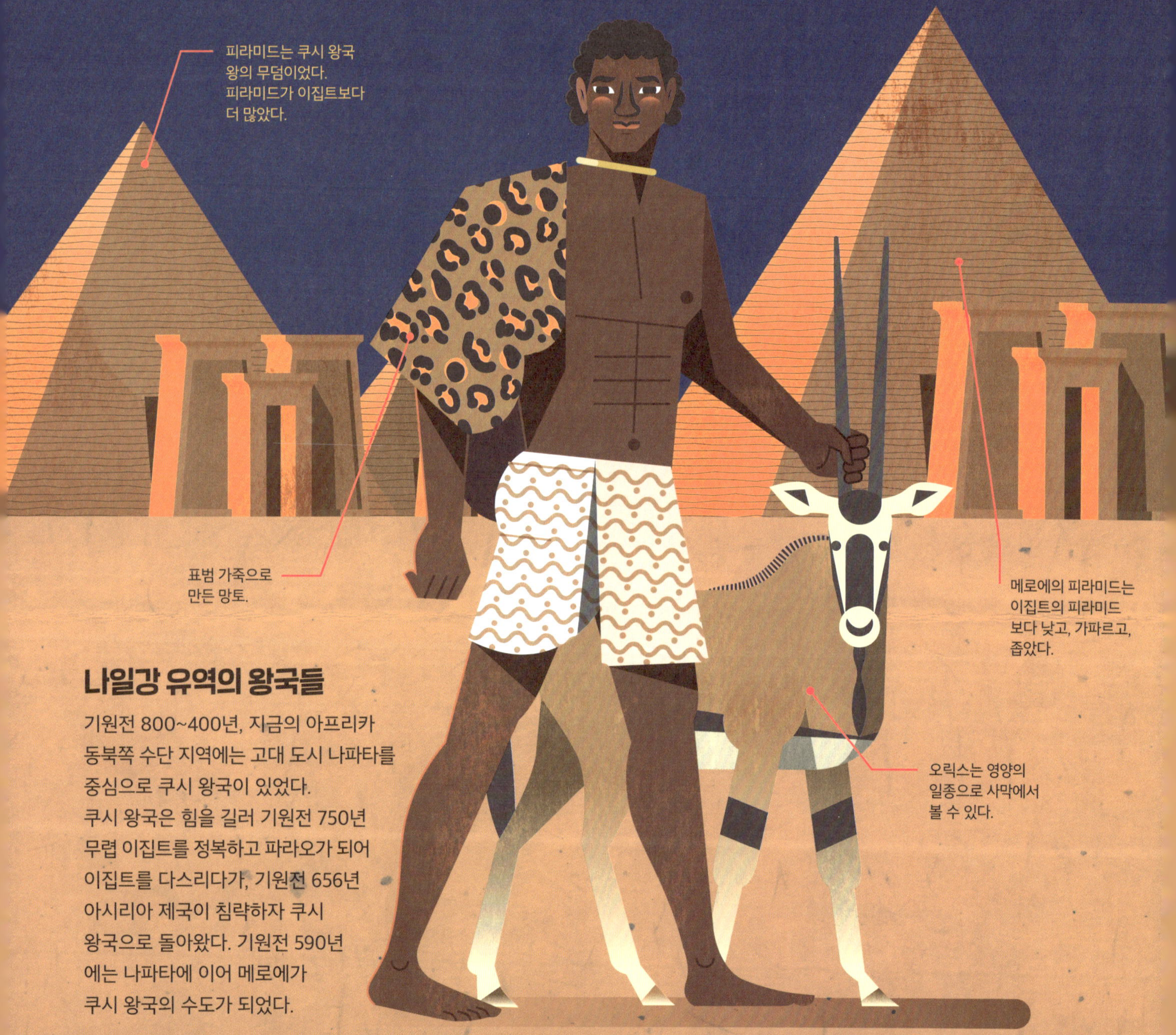
피라미드는 쿠시 왕국 왕의 무덤이었다. 피라미드가 이집트보다 더 많았다.
표범 가죽으로 만든 망토.
메로에의 피라미드는 이집트의 피라미드 보다 낮고, 가파르고, 좁았다.
오릭스는 영양의 일종으로 사막에서 볼 수 있다.

나일강 유역의 왕국들

기원전 800~400년, 지금의 아프리카 동북쪽 수단 지역에는 고대 도시 나파타를 중심으로 쿠시 왕국이 있었다. 쿠시 왕국은 힘을 길러 기원전 750년 무렵 이집트를 정복하고 파라오가 되어 이집트를 다스리다가, 기원전 656년 아시리아 제국이 침략하자 쿠시 왕국으로 돌아왔다. 기원전 590년에는 나파타에 이어 메로에가 쿠시 왕국의 수도가 되었다.

도움말 주신 전문가: 기슬레인 라이던 **함께 보아요:** 사막, 4권 30~31쪽; 비옥한 초승달 지대, 6권 8~9쪽; 고대 이집트, 6권 16~17쪽; 미노스 문명, 미케네 문명, 페니키아 문명, 6권 24~25쪽; 고대 로마, 6권 38~39쪽

막강한 카르타고

지금의 북아프리카 튀니지에 있던 카르타고는 카르타고 제국의 중심지였다. 기원전 9세기에 페니키아 사람들이 무역항으로 세웠던 이 도시는 차츰 북아프리카 해안, 스페인 남부, 그리고 지중해의 섬들까지 장악하게 되었다. 기원전 264년부터 카르타고 제국은 지중해의 지배권을 두고 로마와 포에니 전쟁을 치렀고, 기원전 146년 결국 로마에 패해서 멸망했다.

타니트 여신상. 타니트의 배우자인 바알 함몬과 함께 카르타고 사람들이 숭배하던 수호신이었다.

악숨 기념비

지금의 에티오피아 북부에 있었던 고대 국가인 악숨 왕국은 서기 1세기 들어 무역의 중심지로 발전했다. 악숨 사람들은 중요한 인물들의 묘지 위치를 표시하기 위해 '오벨리스크'라고 하는 기념비를 세워 장식하는 일이 많았다. 가장 큰 오벨리스크는 높이가 33미터나 되는데, 지진으로 무너졌다. 이 오벨리스크는 330년부터 356년까지 다스린 에자나 왕을 기념하는 것이다. 악숨 왕국의 힘은 6세기부터 점점 약해져서 10세기에 소멸했고 자그웨 왕국이 새로 들어섰다.

오벨리스크는 하석 섬장암이라고 하는 거대한 돌로 만들어졌다.

표면에는 문과 창문 모양이 조각되어 있다.

사실은!

소금은 거의 금만큼이나 귀한 것이었다!

음식을 보존하는 데 썼던 소금은 주로 아프리카 북부에서 낙타에 싣고 왔으며, 지금의 세네갈, 말리 서부, 기니에 있었던 광산에서 황금과 바꾸었다. 600년 무렵부터 1200년대까지 번영했던 가나 제국은 영토 안에서 거래되는 물건들에 대해 세금을 걷어 부유해졌다.

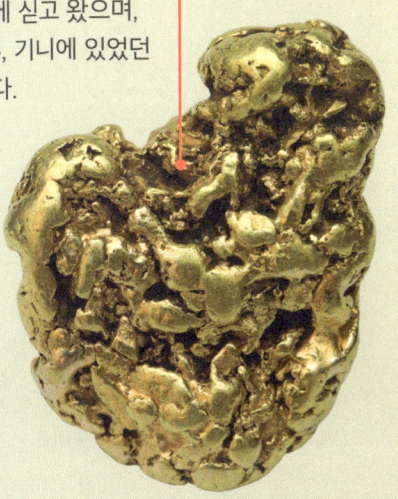

가나 제국은 황금으로 부유해졌다.

당나라

당나라 시대는 중국 역사의 황금기라고 알려져 있다. 고조 황제가 618년에 당나라를 세운 이후, 후계자들이 영토를 서쪽으로 넓히면서 번영했다. 8세기에 일어난 반란으로 기울기 시작하다가 907년 결국 여러 나라로 분리되었다.

중앙아시아 남성들은 풍성하고 곱실거리는 수염으로 외국인임을 드러냈다. 중국인들의 수염은 가늘고 곧았다.

음악가들이 비단길을 이용해 중앙아시아에서 중국으로 왔다.

당나라의 작은 흙인형

당나라의 공예가들은 진흙으로 말, 병사, 낙타를 탄 사람과 같은 작은 인형과 동물을 만들어, 중요한 인물들의 무덤에 넣어 주인을 사후 세계에서 보호하도록 했다.

무역상들은 보통 상품을 낙타에 실어 '비단길'로 운반했다. 비단길은 동양과 서양을 잇는 오래된 무역로였다.

몇몇 당나라 도자기는 3가지 색깔의 유약인 삼채를 사용했다.

상업 국가

고대 중국 동전에는 가운데에 구멍이 뚫려서, 끈으로 동전 여러 개를 함께 묶을 수 있었다. 이 동전은 당 고종 황제 때 만들어졌다.

도움말 주신 전문가: 쉬 만 함께 보아요: 종교, 5권 22~23쪽; 중국 최초의 왕조, 6권 14~15쪽; 흙을 구워 만든 군대, 6권 36~37쪽; 신항로 개척, 7권 12~13쪽; 공산주의의 등장, 7권 34~35쪽; 냉전 시대, 7권 40~41쪽

비단길

당나라가 서쪽으로 영토를 넓히면서 '비단길'이라고 하는 중요한 무역로가 열렸다. 비단길을 통해 중국이 중앙아시아, 남아시아와 연결되었고, 낙타에 짐을 싣고 다니는 중앙아시아의 상인들이 당나라의 수도인 장안으로 올 수 있었다. 중앙아시아의 상인들은 낯선 물건들과 함께 다양한 문화를 전해주었다.

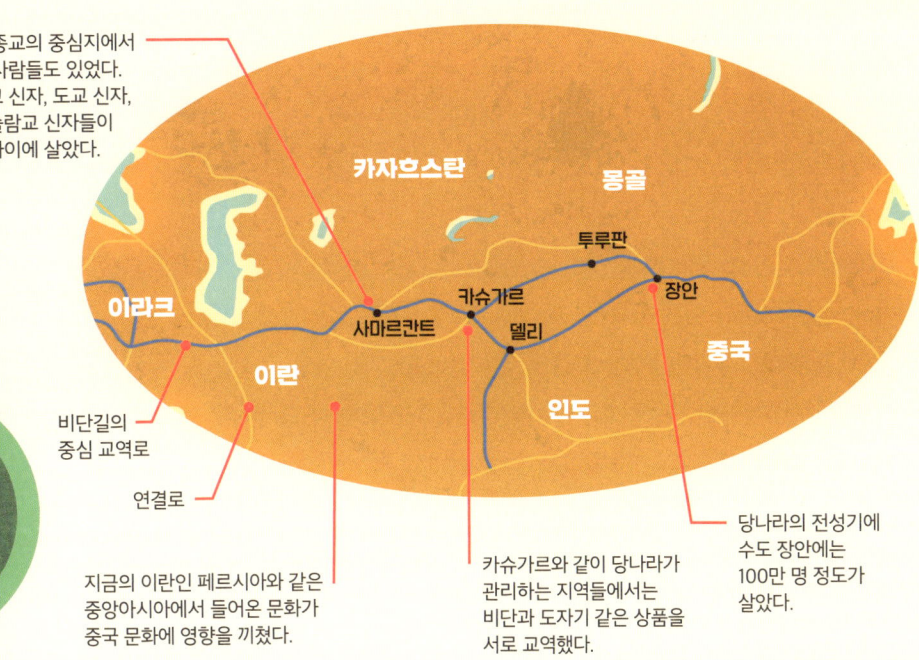

큰 종교의 중심지에서 온 사람들도 있었다. 불교 신자, 도교 신자, 이슬람교 신자들이 가까이에 살았다.

비단길의 중심 교역로

연결로

지금의 이란인 페르시아와 같은 중앙아시아에서 들어온 문화가 중국 문화에 영향을 끼쳤다.

카슈가르와 같이 당나라가 관리하는 지역들에서는 비단과 도자기 같은 상품을 서로 교역했다.

당나라의 전성기에 수도 장안에는 100만 명 정도가 살았다.

세상을 바꾼 인물

측천무후
당나라의 여황제, 690~705년 통치

측천무후는 직접 나라를 다스렸던 중국의 유일한 여황제이다. 남편인 당나라 고종이 병이 들자 그때부터 당나라의 실질적인 통치자가 되었다. 고종이 죽은 뒤에 측천무후는 두 아들을 통해 통치하다가 690년에 직접 나라를 다스리기 시작했다. 측천무후는 나라 이름을 주나라로 고친 후, 스스로 황제임을 선언했으나, 죽음을 앞두고 당나라 이름을 되살렸다.

사실은!

당나라 황제들은 백성들에게 노란색 옷을 입지 못하게 하는 법을 만들었다. 당나라 황제들은 노란색이 행운을 상징한다고 하여 노란색 예복을 입었고, 앞선 수나라 황제들도 노란색 예복을 입었다. 그래서 당나라에서는 관리들과 평민들이 노란색 옷을 입는 것을 법으로 금지했다.

당나라의 예술

당나라 때는 예술과 문화가 융성했다.

1. **음악** 대규모 궁중 무용단을 거느린 악대가 생겼다.

2. **시** 거의 5만 편에 이르는 당나라 시대의 시가 남아 있어, 중국 문학의 황금기라고 알려져 있다.

3. **그림** 궁중 생활을 화려한 색깔로 묘사하는 그림, 특히 궁녀들의 모습을 담은 그림들이 나왔다.

4. **도자기** 당나라의 도예가들은 백자, 3가지 색으로 장식된 도자기, 진흙으로 만든 작은 인형을 만들었다.

불교의 전파

당나라 시대 중국에 불교가 전파되었는데, 인도에서 불경을 들여온 현장법사 같은 승려들의 역할도 컸다. 황족, 귀족, 평민 등 사회의 모든 사람들이 활발하게 불교를 후원했다. 지금의 쓰촨 성 러산에 있는 바위 산을 깎아 높은 불상이 제작된 것도 당나라 때였다.

이슬람교의 황금기

예언자 마호메트가 610년에 아라비아에서 이슬람교라는 새로운 종교를 창시했다. 632년 마호메트가 사망한 후 이슬람교는 스페인에서 인도로 퍼져나갔고 이슬람교 신자의 수는 엄청나게 늘었다. 가장 중요한 이슬람 왕조는 750년에서 1258년까지 이어진 아바스 왕조였다. 이슬람의 황금기라고 하는 이 시기에는 수학, 철학, 과학, 의학, 문학에서 큰 발전과 혁신이 일어났다.

이슬람의 세계

750년, 이슬람 제국은 스페인에서 페르시아까지 확장되었다. 새로 생겨난 대도시이자 아바스 왕조의 수도인 바그다드는 학문의 중심지가 되었다. 여러 종교와 언어, 다양한 배경을 가진 사람들이 바그다드로 모여들어 새로운 문화를 만들어냈다. 이슬람 문화의 중심지였던 바그다드는 1258년 몽골에 정복되었다.

기계의 달인

이슬람 발명가 알 자자리는 1206년 <독창적인 기계 장치에 대한 책>을 썼다. 그는 환상적인 기계 장치들을 고안해 낸 것으로 유명한데, 그중 가장 잘 알려진 것은 코끼리 시계였다. 코끼리가 받치고 있는 탑 안에 글씨를 베껴 쓰는 사람, 용, 매를 부리는 사람이 있고, 코끼리를 부리는 사람이 코끼리에 타고 있다. 코끼리 속에 있는, 물로 작동하는 기계 장치가 30분마다 다른 부위들을 움직이게 한다.

도움말 주신 전문가: 데이비드 와서스테인 **함께 보아요:** 종교, 5권 22~23쪽; 비옥한 초승달 지대, 6권 8~9쪽; 페르시아 제국, 6권 28~29쪽; 르네상스, 7권 8~9쪽

이슬람의 책

코란은 이슬람교의 경전이다. 위 사진은 800년대 코란에 나오는 두 페이지이다. 이 시기에 아바스 왕조는 바그다드에 있는 '지혜의 집'을 후원했다. '지혜의 집'은 번역 전문 기관으로, 그리스어, 페르시아어와 같은 언어로 된 많은 책을 아랍어로 번역했고, 이슬람 세계의 과학 발전에 크게 도움을 주었다. 곧 아랍어는 스페인에서 동쪽의 이라크에 이르는 지역에서 널리 쓰이게 되었다.

아름다운 문양

이슬람 미술에서는 신이나 인간, 동물 모습의 묘사가 허용되지 않는다. 그래서 모스크와 같은 이슬람 건물들의 장식에는 식물과 꽃, 이슬람 문화의 황금기에 이루어진 수학적 발견에서 영감을 얻은 기하학적인 문양이 주로 등장한다.

이슬람 문화 황금기의 학자

이슬람 문화의 황금기에 나온 매우 뛰어난 학자들이 여러 학문 분야에서 새로운 상상력의 문을 열었다.

1. 자비르 이븐 하이얀(721~815년) 연금술사였으며 특히 화학 분야의 많은 과학적 업적과 밀접한 관계가 있는 인물이다.

2. 알 콰리즈미(780~850년) 바그다드 출신의 점성술사이자 수학자로, 대수학을 발명했다.

3. 알 킨디(800~870년) '아랍의 철학자'라고 불리며, 250권의 저서를 집필했다. 인도의 숫자를 서아시아에 소개하는 데도 이바지했다. 인도 숫자는 '아라비아 숫자'라는 이름으로 서아시아에서 유럽까지 전파되었다.

4. 알 수피(903~986년) 천문학자로 최초로 안드로메다 은하에 대한 관찰 기록을 남겼다. 서기 964년, 천문학의 핵심 저서인 <항성에 대한 책>을 펴냈다.

5. 이븐 알 하이삼(965~1040년) 서양에서는 '알하젠'이라고 알려져 있다. 과학, 수학, 철학에 관한 저서를 100권 넘게 집필했다. 그의 <광학에 대한 책>은 우리가 어떻게 빛을 이용해 사물을 보는지 설명한다.

6. 이븐 시나(980~1037년) 서양에서는 '아비센나'라고도 알려져 있다. 가장 영향력 있는 이슬람 과학자이자 철학자였다. 그가 쓴 의학서는 라틴어로 번역되어 몇 세기 동안 교과서로 사용되었다.

알 수피의 <항성에 대한 책>에는 배 모양의 아르고호 별자리를 보여주는 그림이 들어있다.

알 안달루스

711년부터 1200년대까지, 지금의 스페인 대부분 지역이 이슬람의 지배를 받았는데, 이 때를 '알 안달루스'라고 한다. 756년 이슬람교의 지도자 아브드 알 라만이 코르도바를 수도로 정했다. 코르도바는 강력한 국가의 중심지로서, 교역과 문화로 유명해지게 되었다.

코르도바의 대모스크는 세계에서 가장 큰 이슬람 건물에 속했는데 나중에 그리스도교 대성당으로 바뀌었다. 이슬람교도들이 기도하는 장소였던 뾰족탑은 오늘날 종탑이 되었다.

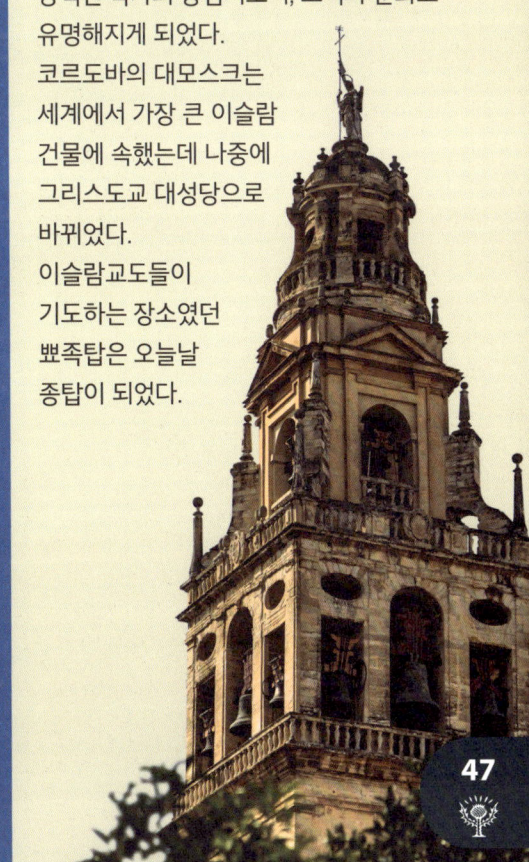

중세 유럽

'중세'라는 말은 라틴어의 '중간의 시대'라는 말에서 온 것으로, 약 500년부터 1500년까지의 기간을 말한다. 중세에 유럽에는 커다란 변화가 있었다. 전사이자 왕이었던 샤를마뉴 대제가 여러 왕국을 하나의 제국으로 통일했다. 그리스도교가 대륙을 가로질러 영국까지 전파되었고, 치명적인 질병이 대륙 전체를 휩쓸었다.

중세의 성

중세의 통치자들은 봉건 제도로 왕국들을 다스렸다. 봉건 제도는 왕이 영주들에게 땅을 나누어 주어 다스리게 하고, 충성과 함께 군사적인 봉사를 받는 제도였다. 영주는 땅을 농부들에게 빌려주었고, 농부들은 빌린 땅과 자신의 땅에서 농사를 지었다. 왕과 영주는 모두 적들을 방어하기 위해 성을 지었다.

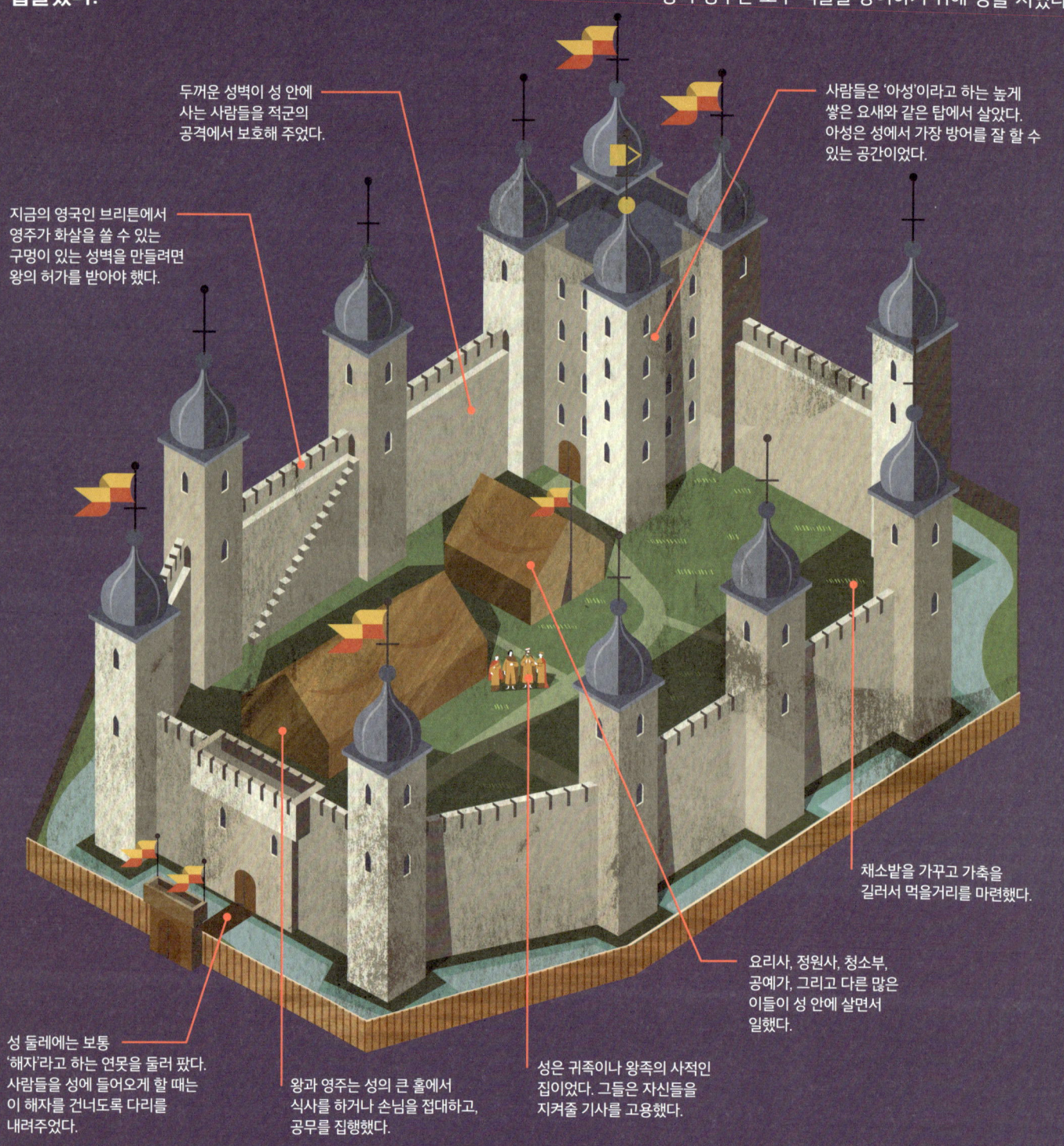

- 두꺼운 성벽이 성 안에 사는 사람들을 적군의 공격에서 보호해 주었다.
- 사람들은 '아성'이라고 하는 높게 쌓은 요새와 같은 탑에서 살았다. 아성은 성에서 가장 방어를 잘 할 수 있는 공간이었다.
- 지금의 영국인 브리튼에서 영주가 화살을 쏠 수 있는 구멍이 있는 성벽을 만들려면 왕의 허가를 받아야 했다.
- 채소밭을 가꾸고 가축을 길러서 먹을거리를 마련했다.
- 성 둘레에는 보통 '해자'라고 하는 연못을 둘러 팠다. 사람들을 성에 들어오게 할 때는 이 해자를 건너도록 다리를 내려주었다.
- 왕과 영주는 성의 큰 홀에서 식사를 하거나 손님을 접대하고, 공무를 집행했다.
- 성은 귀족이나 왕족의 사적인 집이었다. 그들은 자신들을 지켜줄 기사를 고용했다.
- 요리사, 정원사, 청소부, 공예가, 그리고 다른 많은 이들이 성 안에 살면서 일했다.

도움말 주신 전문가: 마이클 레이 함께 보아요: 자연적인 기후 변화, 2권 48~49쪽; 종교, 5권 22~23쪽; 갈등과 전쟁, 5권 24~25쪽; 이슬람교의 황금기, 6권 46~47쪽; 기후 변화의 결과, 8권 38~39쪽

바이킹

바이킹은 9세기부터 11세기에 있었던 스칸디나비아의 해양 전사들을 가리킨다. 이 전사들은 배를 타고 유럽 해안을 따라 오르내리면서 무역을 하거나, 해적처럼 약탈을 했다. 프랑스에서는 지역민들 속에 함께 정착해 노르만족이 되었다. 러시아에서도 그렇게 살았는데, 머리가 붉은색이어서 '붉다'는 뜻의 '러스'라고 불렸다. '러시아'라는 나라 이름은 이 말에서 나왔다.

바이킹의 좁고 긴 배에는 돛이 하나 달렸다. 바람이 불지 않으면 노를 저었다.

뱃머리에 조각을 새겨 넣는 '선수상'에는 용, 곰, 늑대 같은 무서운 동물을 주로 묘사했다.

바이킹은 좁고 긴 배를 만들었다. 매우 튼튼한 배여서 강이든 먼바다든 다닐 수 있었다.

밝혀지지 않은 이야기

페스트로 죽은 사람은 얼마나 될까?

'흑사병'이라고도 하는 페스트는 1347년부터 1351년까지 유럽에 퍼진 전염병이다. 페스트에 감염된 이나 쥐벼룩이 인간에게 옮겨서 전염되었다. 페스트에 희생된 사망자 수에 관해서는 역사학자들의 의견이 서로 다르다. 당시 유럽 인구의 3분의 1인 2500만 명이라는 의견도 있고, 5000만 명은 될 것이라는 의견도 있다.

중세 온난기

서기 900년에서 1300년 사이에 유럽 일부 지역에서 기후가 조금 따뜻해져서 그 덕을 본 시기가 있다. 특히 북유럽의 농업에 변화가 일어났다. 노르웨이에서는 곡류가 풍년이었고, 포도주용 포도가 잉글랜드와 같은 북부에서도 자랐다. 바이킹이 그린란드에 정착한 것도 이 시기였는데, 기온이 올라가 북극해의 유빙 일부가 녹기도 했다.

십자군

중세 시대의 많은 유럽 사람들이 그리스도교 신앙 아래 힘을 합쳤다. 1095년부터 서유럽 군대들은 십자군 원정 길에 올라 오랜 전쟁을 벌였다. 전에는 그리스도교의 영역이었다가 이슬람교 국가들이 점령한 땅을 되찾고, 비 그리스도교인들의 땅을 지배하자는 것이었다. 세 번에 걸친 전쟁을 치른 첫 번째 십자군 원정은 어느 정도 성공을 거두어 서아시아에 그리스도교 국가들을 세웠다. 그러나 나중에 십자군이 밀려나면서 유럽 사람들은 그 땅을 손에 넣지 못했다.

전문가에게 물어봐!

살리마 이크람
고고학자

무엇을 가장 발견하고 싶으세요?
고대 이집트 사람들이 왜 두 가지 종류의 악어를 미라로 만들었는지 알고 싶어요. 나일 악어와 서아프리카 악어인데요. 서아프리카 악어는 보통 나일강에서는 발견되지 않는데 대체 이 악어들이 어디서 났는지도 궁금해요. 난 악어를 무척 좋아하거든요. 그래서 훨씬 온순한 악어인 서아프리카 악어가 어떻게 해서 이집트에 묻히게 되었는지도 알고 싶어요.

선생님 분야에서 풀리지 않은 문제는 뭘까요?
우리 가운데에는 미라 작업의 단계를 계속 연구하고 있는 사람들이 많아요. 수많은 고대 이집트 사람들이 미라가 된 것을 알고 있지만, 우린 아직도 미라 작업의 절차와 세부적인 내용에 대해서는 잘 모르고 있답니다.

놀라운 사실 한 가지를 말씀해 주신다면요?
고대 이집트에서 고양이를 뜻하는 단어가 뭐였게요? 고양이 울음소리랑 비슷한 '미아우'였어요!

존 하일랜드
역사학자

무엇을 가장 발견하고 싶으세요?
페르시아와 다른 고대 제국들이 어떻게 영토를 확장하고, 수많은 영토를 어떻게 계속 지배할 수 있었는지에 대해 관심이 아주 많아요. 페르시아는 아메리카 대륙만 한 크기의 영토를 지배했거든요. 게다가 제국의 중심부에서 3219킬로미터나 떨어진 곳에서 전쟁을 벌였고요. 그 오랜 옛날에 그게 어떻게 가능했을까요?

선생님 분야에서 어려운 점은 뭔가요?
고대 페르시아 사람들은 페르시아 제국에 대해서 자신들이 직접 이야기해주는 역사는 남기지 않았어요. 페르시아와 그리스의 전쟁과 외교에 대해 어떻게 이해할 것이냐에 대해서는 역사학자들의 논쟁이 계속 이어지고 있지요. 모두 그리스에서 남긴 정보로만 판단해야 하니까요. 희망적인 면도 없지는 않아요. 유적이 아주 많이 있고, 유적지에서 얻은 중요한 기록도 있어서, 페르시아 제국이 어떻게 돌아갔는지 많이 알 수 있답니다.

패트릭 커크
고고학자

무엇을 가장 발견하고 싶으세요?
태평양 연안에서 멀리 떨어진 섬에 사는 사람들은 어떻게 그 섬에 적응했는지 알고 싶어요. 이 섬에 사는 많은 사람이 지속 가능한 생존법을 개발했지요. 아마 우리도 그들의 전통문화에서 우리가 지구의 변화에 적응하는 데 도움이 될 방법을 배울 수 있을 거예요.

연구하시면서 즐거운 점은 무엇일까요?
고고학은 정말 보람 있는 분야예요. 언제나 예상치 못했던 발견을 하게 되죠. 한 번은 '라피타족의 신'을 발견한 적이 있답니다. 작은 뼈로 된 조각품을 남태평양 서부에 있는 무사우섬의 고대 유적지에서 찾았는데요. 3000년 전 돌고래 뼈를 조각해 만든 것인데, 신화에 나오는 바다의 신을 나타낸 것 같아요.

퀴즈

1) 서아시아에서 사람들이 농사를 처음으로 시작한 지역을 무엇이라고 부르나요?
   - ㄱ. 비옥한 지대
   - ㄴ. 비옥한 초승달 지대
   - ㄷ. 비옥한 평원
   - ㄹ. 비옥한 농장

2) 아카드 제국을 세운 통치자는 누구인가요?
   - ㄱ. 사르곤 대왕
   - ㄴ. 키루스 대제
   - ㄷ. 함무라비
   - ㄹ. 클레오파트라

3) 스톤헨지는 세계에서 가장 유명한 선사 시대의 돌로 만든 원형 구조물입니다. 이 구조물은 잉글랜드의 어느 도시 근처에 있나요?
   - ㄱ. 새프츠베리
   - ㄴ. 스팅본
   - ㄷ. 솔즈베리
   - ㄹ. 샌드위치

4) 중국의 달력에서 12년 주기로 순환되는 각 해에 붙이는 동물 이름이 아닌 것은 무엇인가요?
   - ㄱ. 뱀
   - ㄴ. 토끼
   - ㄷ. 고슴도치
   - ㄹ. 닭

5) 노르테 치코족은 어느 대륙에서 고대 문명을 이루었나요?
   - ㄱ. 남아메리카
   - ㄴ. 북아메리카
   - ㄷ. 아프리카
   - ㄹ. 아시아

6) 폴리네시아의 신 마우이는 뉴질랜드의 북섬을 어떻게 창조했다고 하나요?
   - ㄱ. 하늘에서 구름을 끌어내려서
   - ㄴ. 바다에서 거대한 물고기를 잡아 올려서
   - ㄷ. 운석이 땅에 떨어지기 전에 잡아서
   - ㄹ. 거대한 화산을 휘저어서

7) 중앙아메리카와 남아메리카의 올멕과 마야 문명에서 나온 공놀이에서 사용하면 안 되는 신체 부위는 어디인가요?
   - ㄱ. 팔꿈치
   - ㄴ. 엉덩이
   - ㄷ. 무릎
   - ㄹ. 발

8) 그리스 신화에서 제우스는 신들의 왕이었습니다. 왕비는 누구인가요?
   - ㄱ. 아테나
   - ㄴ. 헤라
   - ㄷ. 디오니소스
   - ㄹ. 다프네

9) 마우리아 제국은 어디에 있었나요?
   - ㄱ. 인도
   - ㄴ. 인도네시아
   - ㄷ. 말레이시아
   - ㄹ. 필리핀

10) 전설에서 로마를 세운 로물루스와 레무스는 암컷 늑대와 양치기, 또 무엇이 길렀다고 하나요?
    - ㄱ. 코끼리
    - ㄴ. 하이에나
    - ㄷ. 거북이
    - ㄹ. 딱따구리

11) 로마 제국은 어느 황제 때 전성기를 누렸나요?
    - ㄱ. 하드리아누스 황제
    - ㄴ. 트라야누스 황제
    - ㄷ. 티투스 황제
    - ㄹ. 아우구스투스 황제

12) 1970년대 중국에서 실제 크기로 흙을 구워 만든 병사들을 땅속에서 발견했어요. 모두 8000개가 넘는 이 병사들은 무엇을 위해 만들어졌을까요?
    - ㄱ. 많은 사람이 필요한 영화의 소품으로 만들어졌다.
    - ㄴ. 군사 훈련을 위한 모형으로 제작되었다.
    - ㄷ. 고대 중국의 진시황제를 위해서 무덤 근처에 함께 묻었다.
    - ㄹ. 어린이들이 학교에 내기 위한 찰흙 공작으로 만들었다.

13) 다음 중 로마의 시인이 아닌 사람은 누구인가요?
    - ㄱ. 베르길리우스
    - ㄴ. 호머
    - ㄷ. 오비디우스
    - ㄹ. 호라티우스

14) 오늘날 터키의 이스탄불인 콘스탄티노폴리스의 아야 소피아는 처음에 무슨 용도로 지어졌나요?
    - ㄱ. 교회
    - ㄴ. 모스크
    - ㄷ. 박물관
    - ㄹ. 시장

정답: 1) ㄴ, 2) ㄱ, 3) ㄷ, 4) ㄷ, 5) ㄱ, 6) ㄴ, 7) ㄹ, 8) ㄴ, 9) ㄱ, 10) ㄹ, 11) ㄴ, 12) ㄷ, 13) ㄴ, 14) ㄱ

낱말 풀이

고고학자
글로 적힌 기록이 없는 시대의 동전, 무덤, 건물의 잔해와 같이 땅 위나 땅 속에 남아 있는 자료들을 연구하여 고대의 인간 사회를 조사하는 사람들.

관개
작물이 자라는 데 도움이 되도록 농경지에 물을 대는 것.

귀족
공작, 공작부인, 남작과 같이 고위직에 있는 사람들.

농업
씨를 뿌려 작물을 키우고, 농장의 동물을 키우는 일. 농사라고도 한다.

대성당
보통 규모가 큰 그리스도교 교회. 주교가 있다.

독재자
권력에 아무 제한도 받지 않고 나라를 통치하는 사람. 보통 왕, 여왕, 황제 등의 왕족을 가리키는 말로는 쓰지 않는다.

모스크
이슬람교에서 예배를 하는 장소.

미라
특별한 처리법을 써서 시신을 부패하지 않도록 부분적으로 보존한 것.

미로
입구에서 출구로 이어지는 길을 찾아야 하는, 보통 울타리로 분리된 길이 복잡하게 얽혀있는 특별한 공간.

발칸반도
유럽 남동부 그리스가 있는 지역으로 오랜 역사 동안 여러 민족이 살면서 다양한 문화가 존재했던 곳. 알바니아, 불가리아, 세르비아 등의 현대 몇몇 국가들도 여기에 속한다.

사원
특정한 종교를 가진 사람들이 예배하고 기도하는 신성한 장소나 대상.

선사 시대
어떤 특정한 지역에 대해 말해주는, 문자로 쓰인 역사나 기록이 생기기 전의 시대.

세금
어느 나라에 살거나 소속된 사람에게서 법에 근거해서 걷은, 그 나라의 운영에 쓸 돈이나 재산.

속주
어떤 나라의 통치를 받는 지역.

수로
수돗물을 도시에 보내는 것처럼 물을 다른 곳으로 실어나르는 사람이 만든 구조물. 수로에는 보통 계곡을 가로지르는 다리도 포함된다.

순례
종교적인 장소나 사원을 방문하는 긴 여행.

시민
(1) 도시에 사는 사람.
(2) 법적으로 어느 한 특정 국가에 소속되어 있고, 그곳에서 살고 투표할 수 있는 등의 권리를 가지는 사람.

식민지
어떤 땅을 다른 나라 사람들이 점령해서 다스리는 지역. 식민지는 보통 정착한 사람들의 출신국에서 다스린다. 새로운 정착민들이 오기 전부터 원래 살고 있던 원주민이 차별을 받기도 한다.

신
인간보다 우월하다고 여겨지는 초자연적인 존재.

신성한
특정 종교에서 숭배하거나 특별하다고 간주하는.

신화
사실이라고 믿어졌던 옛이야기. 대개 신들이 등장하고, 땅과 하늘 등 세상이 어떻게 창조되었는지에 관한 내용이 들어있다.

오세아니아
지리적으로 태평양 서부의 작은 섬들을 모두 포함하는 지역. 오스트레일리아와 뉴질랜드를 포함하기도 한다.

원주민
어느 지역에 원래부터 거주하고 있던 사람들.

의식
정해진 방식에 따라 치르는 행사. 종교 행사의 일부나 어떤 날의 기념식 같은 것을 말한다.

작물
식용으로 기르는 식물.

전설
오래전부터 내려오는 이야기. 사실에 근거한 것일 수도 있고 아닐 수도 있다.

정착민
다른 나라에서 새로운 지역으로 옮겨 와서 머물러 사는 사람.

조상
할아버지의 할아버지, 할머니의 할머니처럼, 어느 가족이나 부족의 더 오래전에 살았던 사람들.

주
한 나라 안의 넓은 지역. 보통 고유의 문화와 전통이 있다.

천문학
행성, 별, 외계의 모든 것과 같이 우주를 연구하는 학문.

철학
우리는 무엇 때문에 살아가며 어떤 것에 대한 지식을 어떻게 확신할 수 있는지와 같이 인생에 대한 기본적인 질문에 대해 깊이 생각하는 것.

포위
전투의 한 형식으로, 공격하는 군대가 방어하는 군대나 도시를 둘러싸고 식량, 물, 무기가 떨어져 항복하기를 바라는 상태.

피라미드
수학에서는 밑변이 사각형이고 옆면은 위를 향하는 삼각형의 경사면으로 이루어진, 맨 위가 뾰족한 입체. 비슷한 모양의 건물로는 이집트와 중앙아메리카의 피라미드가 있다.

후계자
어떤 사람이 사망하면 그 사람의 것을 물려받을 사람. 물려받는 것은 '왕'이나 '공작' 같은 직위일 수도 있고, 소유물이나 재산일 수도 있고, 그 둘 다일 수도 있다.

찾아보기

ㄱ
가나 제국 42, 43
갈리아 38, 39, 41
갑골 15
강에서 물을 끌어오기 8, 20
걸왕 14
고대 그리스 13, 19, 24, 25, 30~31, 32, 38, 39
고대 이집트 8, 13, 16~17, 18, 19, 28, 32, 39, 42
고대의 7대 불가사의 32
고조 황제 44
공놀이 26, 27
공자 15
과두제 31
과일 9
과테말라 13, 26, 27
과학 26, 47
군대 14, 28, 29, 37, 39, 49
군주제 31
굽타 제국 35
그리스도교 19, 40, 41, 49
그리스의 불 41
그린란드 49
금 25, 28, 43
기념비 12~13
기자의 대 피라미드 16
기후 변화 49
꿈의 시대 6

ㄴ
나스카 20
나스카 지상화 21
나일강 8, 16
나파타 42
네레이드 추모탑 31
노란색 예복 45
노르테 치코 20
농사 8, 9, 16, 20, 49
뉴기니 22
뉴질랜드 23
니네베 11

ㄷ
다리우스 대제 28, 29
다리우스 3세 32
달력 15, 26
당나라 44~45
대 스핑크스 13
대추 9
도교 19, 45
도시 국가 10, 30, 31
독수리 비석 10
독재자 31
돌기둥의 원 12~13

ㄹ
라틴어 39, 47
라피타 문화 23
레바논 25
로마와 로마 제국 19, 38~39, 39, 40, 41, 43
로마의 유산 39
로마 제국 41
로물루스 아우구스툴루스 41
로물루스와 레무스 38
룸비니 35

ㅁ
마르두크 19
마야 13, 26~27
마우리아 제국 34~35
마우이 23
마차 9, 14
만리장성 36
메네스 16
메디아 28
메로에 42
메소아메리카 19, 26~27
메소포타미아 8, 9, 10~11
메흐메드 2세, 술탄 40
멕시코 26, 27
멜라네시아 22, 23
멤피스 29
모스크 40, 47
몽골 46
묘지 13, 14, 20, 25, 36~37, 44
무왕 14
문자 체계 9, 15, 17, 25, 26
미노스 문명 24~25
미노타우로스 25
미라 만들기 16, 17, 20
미케네 24~25
미크로네시아 22, 23
미트라 19
미하일 8세 41

민주주의 31, 38, 39
밀라노 칙령 40

ㅂ
바그다드 46, 47
바빌로니아 사람들 10, 11, 19, 28
바빌로니아 제국 10, 29, 33
바실리우스 2세 41
바위에 그린 그림 7
바이킹 19, 49
바이킹 배 49
바퀴 9
법전 11
벨리즈 26, 27
벽화 24, 26, 39, 41
병마용 36~37
보리 8, 9
보석 28
봉건제도 48
부메랑 7
부케팔로스 33
분열 41
불교 34, 35, 45
불탑 34
브라마 19
브로치를 한 여성 20
브리튼섬 12~13, 19, 39, 49
비단길 44, 45
비슈누 19
비옥한 초승달 8~9
비잔티움 제국 40~41

ㅅ
사고팔기 20, 25, 26, 27, 41, 44, 45
사르곤 대왕 10, 11
사제 10, 17, 18
사후 세계 17, 18, 37, 44
산치 대탑 34
삼청 19
상나라 14, 15
상형 문자 17, 26
샤를마뉴 48
선형 문자 A, 선형 문자 B 25
성 48
성왕 14
세계 32
세크메트 18

세트 18
셀주크 제국 41
소금 무역 43
소아시아 39
수나라 45
수단 42
수메르 사람들 9, 10
수사 28, 29
수학 26, 47
숫자 9, 26
슝가 왕조 35
스톤헨지 12~13
스파르타 30, 31, 32
스페인 39, 47
시 39, 45
시리아 39
시바 19
식민지 30
신 10, 11, 13, 17, 18~19, 21, 28, 31, 38, 43
신전 10, 12, 13, 18, 19, 20, 21, 26
십자군 41, 49
썰매 9
쐐기 문자와 숫자 9

ㅇ
아가멤논 왕 25
아나톨리아 41
아누비스 17
아랍어 47
아르타샤스트라 35
아리스토텔레스 30, 32
아마 9
아마포 9
아바스 왕조 46, 47
아브드 알 라만 47
아비센나 47
아쇼카 34, 35
아쇼카의 칙령 35
아슈르바니팔 11
아시리아 제국 10, 11, 42
아야 소피아 40
아우구스투스 황제 39
아일랜드 13
아카드 제국 10, 11
아케메네스 제국 29
아테네 13, 30
아토사 여왕 29

아프리카 42~43
악숨 42, 43
안데스 문명 20~21
안토니우스, 마르쿠스 39
알렉산드로스 대왕 28, 32~33, 35
알렉산드리아 32
알 수피 47
알 자자리 46
알 카즈네 13
알 콰리즈미 47
알 킨디 47
알하젠 47
야누스 19
야훼 19
약 47
양왕 14
언약궤 13
에게해 24
에리트레아 42
에티오피아 42, 43
엠머 밀 8, 9
여성 14, 17, 24, 29, 30, 31, 39, 41, 45
예술 7, 21, 23, 24, 25, 26, 30, 31, 36~37, 39, 41, 44, 45, 47
오록스 8, 9
오벨리스크 43
오세아니아 22~23
오스만 제국 40, 41
오스트레일리아 6~7
오스트레일리아 원주민 6~7
오시리스 18, 19
올림픽 경기 30
올멕 26~27
왕가의 계곡 17
왕의 길 29
요르단 13
우루크 10
우편 제도 29
울루루 6
유대교 19
유스티니아누스 1세 40, 41
유왕 14
음식 8, 9, 20, 27
음악 39, 44, 45
이난나 10
이븐 시나 47
이븐 알 하이삼 47

이스라엘 13, 19
이스탄불 40
이슬람 19, 46~47
이시스 18, 19
이탈리아 38, 39, 41
인도 19, 29, 33, 34~35, 46

ㅈ
자비르 이븐 하이얀 47
장갑 보병 31
장안 45
재앙 49
쟁기 8
점을 치는 사람들 15
점토판 29
정교회 41
제우스 19, 31
조각 10, 21, 26, 31, 36~37, 43
주나라 14, 15, 45
주왕 14
주화 29, 44
중국 14~15, 36~37, 44~45
중국의 왕조 14~15, 44~45
중세 유럽 48~49
지구라트 10
지팡이 신 21
진시황 37
진시황제 36, 37
진흙판 9, 23, 25, 30, 44, 45

ㅊ
차빈 20, 21
찬드라굽타 마우리아 34, 35
찬드라굽타 1세 35
천문학 47
청동 작품 15
총독 29
최초의 도시들 10
측천무후 45

ㅋ
카누 22
카랄 20
카르타고 38, 39, 43
카이사르, 율리우스 38, 39
카타추타 6
칼링가 전쟁 35
케찰코아틀 19

코끼리 시계 46
코란 47
코르도바 47
코르도바의 대모스크 47
콘스탄티노폴리스 40, 41
콘스탄틴 1세 40, 41
쿠푸 왕 16
크노소스 24
크레타 24
크세르크세스 28, 29
클레오파트라 39
키루스 대제 28, 29
키루스 원통 29

ㅌ
타니트 43
터키 29, 31, 41
테세우스 25
토레스 해협 6
토르 19
트로이 전쟁 25
트리무르티 19
티칼 13

ㅍ
파라오 16, 17, 18, 42
파르사(페르세폴리스) 29
파르테논 신전 13
파피루스 17
페니키아 25, 43
페루 21
페르세폴리스 요새
페르시아 제국 28~29, 31, 32
페스트 49
페트라 13
포에니 전쟁 38, 43
폴리네시아 22, 23
폼페이 39
프레스코 39
프타 18
피라미드 13, 16, 42
필리포스 2세 32

ㅎ
하나라 14
하나라의 왕들 14
하토르 18
하트셉수트 여왕 17

한니발 38
함무라비 왕 10
항해와 탐험 22~23
현장법사 45
호루스 19
홍수 14, 16
화석 6
황소 뛰어넘기 24
황허강 14
황후 테오도라 41
훈족 40, 41
훈족의 왕 아틸라 41
흑사병 49
히스파니아 39
히타이트 24
힌두교 19

참고한 자료

이 책은 여러 단계를 거쳐서 편찬되었습니다. 글쓴이는 하나하나의 주제마다 믿을 만한 자료를 참고하여 글을 썼습니다. 편집자는 글 속에 인용된 정보에 잘못은 없는지 다른 자료와 대조하며 낱낱이 확인했습니다. 다음에는 분야별 전문가가 내용이 정확한지 감수했습니다. 한국의 옮긴이와 편집자는 원래 영어로 펴낸 이 책의 관점과 표현이 한국의 어린이들에게 적절한지 살펴보면서 내용과 문장을 다듬었습니다. 그 과정에서 참고한 자료는 이 책에 담지 못할 만큼 많습니다. 그중에서 주요 자료를 추려서 아래에 밝힙니다.

p.6-7 Flood, Josephine. The Original Australians: Story of the Aboriginal People (London: Crows Nest: Allen & Unwin, 2006); Macintyre, Stuart. A Concise History of Australia (Cambridge, UK: Cambridge University Press, 2009). **p.8-9** Kramer, Samuel Noah. History Begins at Sumer: Thirty-Nine Firsts in Man's Recorded History (Philadelphia: University of Pennsylvania Press, 2001) Bottéro, Jean. Everyday Life in Ancient Mesopotamia, trans. Antonia Nevill (Edinburgh, UK: Edinburgh University Press, 2001) Kriwaczek, Paul. Babylon: Mesopotamia and the Birth of Civilisation (London: Atlantic Books, 2010). **p.10-11** Rathbone, Dominic, ed.Civilizations of the Ancient World: A Visual Sourcebook (London: Thames & Hudson, 2009) Hunter, Erica C.D. Ancient Mesopotamia (New York: Chelsea House, 2007). **p.12-13** Chippendale, C. Stonehenge Complete (London: Thames and Hudson, 2004) **p.14-15** Loewe, Michael & Edward L. Shaughnessy, eds.The Cambridge History of Ancient China: From the Origins of Civilisation to 221 BC (Cambridge: Cambridge University Press, 1999). **p.16-17** Oxford Encyclopedia of Ancient Egypt. (Oxford: Oxford University Press, 2001). **p.18-19** Lloyd, Alan B., ed. A Companion to Ancient Egypt (Chichester, UK: Wiley-Blackwell, 2010); Sarah Iles Johnston, ed. Religions of the Ancient World (Cambridge: Harvard University Press, 2004). **p.20-21** Conklin, William J. and Jeffrey Quilter. Chavin: art, architecture and culture (Los Angeles: Cotsen Institute of Archaeology Press, 2008); Silverman, Helaine. Ancient Nasca Settlement and Society (Iowa City, US: University of Iowa Press, 2002). **p.22-23** Craig, Robert D. Handbook of Polynesian Mythology (Santa Barbara, US: ABC-CLIO, 2004); Lal, Brij V. andKate Fortune, eds. The Pacific Islands: An Encyclopaedia (Honolulu: University of Hawaii Press, 2000). **p.24-25** Cartledge, Paul, ed., The Cambridge Illustrated History of Ancient Greece (Cambridge, UK: Cambridge University Press, 2002); Speake, Graham, ed. Encyclopedia of Greece and the Hellenic Tradition (London: Fitzroy Dearborn, 2000). **p.26-27** Coe, Michael D. & Rex Koontz. Mexico: From the Olmecs to the Aztecs (London: Thames & Hudson, 2002); Foster, Lynn V. Handbook to Life in the Ancient Maya World (Oxford, UK: Oxford University Press, 2005). **p.28-29** Potts, D.T. ed. The Oxford Handbook of Ancient Iran (Oxford, UK: Oxford University Press, 2013); Harrison, Thomas, ed. The Great Empires of the Ancient World (London: Thames & Hudson, 2009). **p.30-31** Konstam, Angus. Historical Atlas of Ancient Greece (London: Mercury Books, 2006); Boardman, John. The Oxford History Of Greece & The Hellenistic World (Oxford, UK: Oxford University Press, 2002). **p.32-33** Bosworth, A.B. Conquest and Empire: the Reign of Alexander the Great (Cambridge, UK: Canto, 1993); Lane Fox, Robin. Alexander the Great London: Penguin, 2004) **p.34-35** Avari, Burjor. India: The Ancient Past, A history of the Indian sub-continent from c. 7000 BC to AD 1200 (Abingdon, UK: Routledge, 2007); Lahiri, Nayanjot. Ashoka in Ancient India (Cambridge, US: Harvard University Press, 2015); Singh, Upinder. A History of Ancient and Early Medieval India (Delhi: Pearson Longman, 2008); Thapar, Romila. The Penguin History of Early India: From the Origins to AD 1300 (London: Penguin, 2002). **p.36-37** Ebrey, Patricia Buckley ed.The Cambridge Illustrated History of China (Cambridge, UK: Cambridge University Press, 2010). **p.38-39** Coarelli, Filippo. Rome and Environs: An Archaeological Guide (Berkeley, US: University of California Press, 2014); Wilson Jones, Mark. Principles of Roman Architecture (New Haven, US: Yale University Press, 2000). **p.40-41** Angold, Michael. Byzantium: The Bridge from Antiquity to the Middle Ages (New York: St. Martin's Press, 2001); Mango, Cyril, ed. The Oxford History of Byzantium (Oxford, UK: Oxford University Press, 2002); Rosen, William. Justinian's Flea: Plague, Empire and the Birth of Europe (London: Penguin, 2008). **p.42-43** Phillipson, David W. Ancient Ethiopia: Aksum: Its Antecedents and Successors (London: British Museum Press, 1998); Miller, Joseph C. ed. New Encyclopaedia of Africa, (Farmington Hills, US: Gale, 2008). **p.44-45** Dash, Mike. The Demonization of Empress Wu (Smithsonian Magazine, August 10, 2012); Lu, Yongxiang. ed., 2008. A History of Chinese Science and Technology, Volume 2 (London: Springer, 2015). **p.46-47** Al-Hassani, Salim T.S., ed. 1001 Inventions: The Enduring Legacy of Muslim Civilization (Washington, DC, US: National Geographic, 2012); "The Elephant Clock" (www. metmuseum.org). **p.48-49** Backman, Clifford R. The Worlds of Medieval Europe (Oxford, UK: Oxford University Press, 2014).Bauer, Susan Wise. The History of the Medieval World (New York: W.W. Norton & Company, 2010).

사진과 이미지 출처

이 책에 사진과 이미지를 싣도록 허락해 주신 분들께 감사의 말씀을 드립니다. 사용한 사진과 이미지의 출처를 명확하게 밝히기 위해서 최선을 다했습니다만, 혹시라도 잘못 표기했거나 빠뜨린 부분이 있다면 너른 이해를 부탁드립니다. 다음 판에서 바로잡도록 하겠습니다.

위치 표시 : 위(t), 아래(b), 왼쪽(l), 오른쪽(r), 가운데(c)

p.4 istock/Carlos ranguiz; p.6tr Auscape/ Getty; p.6-7b LEMAIRE Stephane/ Hemis/Superstock; p.7tl Dreamstime/ Rafael Ben Ari; p.7cr robertharding/ Superstock; p.7bcr Image courtesy of Dave Ella; p.9tr 123rf.com/ Nicolas Fernandez; p.9br istock/ Species125; p.10tr Peter Willi/ Superstock; p.10c Wikimedia Commons/Eric Gaba (CC BY-SA 3.0); p.10bl DeAgostini/ Superstock; p.11t PRISMA ARCHIVO/ Alamy; p.11cl INTERFOTO/ Alamy; p.11br DeAgostini/Superstock; p.12-13 istock/ MNStudio; p.15tl The Print Collector/Alamy; p.15tr Heritage Image Partnership Ltd/Alamy; p.15cl 123rf.com/Willaume; p.15br 123rf.com/ Anan Punyod; p.16tr Stock Connection/ Superstock; p.17cl 123rf.com/ Mikhail Kokhanchikov; p.17cr 123rf.com/Silviu-Florin Salomia; p.17bc Tom K Photo/ Alamy; p.18-19 Peter Barritt/ Superstock; p.20tc 123rf.com/ Aleksandra Sabelskaia; p.20cr George Steinmetz/Getty; p.20bl Cicero Moraes; p.21tr 123rf.com/ makasanaphoto; p.21cr Image courtesy of Alicia Boswell; p.21bc istock/ SL_Photography; p.23cl Encyclopaedia Britannica, Inc.; p.23br David Tomlinson/ Alamy; p.25tr Wikimedia Commons/ Xuan Che (CC BY 2.0); p.25cl DeAgostini/ Superstock; p.25cr North Wind Picture Archives/Alamy; p.25bl istock/D_Zheleva; p.25br PRISMA ARCHIVO/ Alamy; p.26tr DeAgostini/ Superstock; p.26bl DeAgostini/ Superstock; p.27cr Image courtesy of Elizabeth Graham; p.27bl istock/ Soft_Light; p.28l Funkystock/age fotostock/Superstock; p.28cr DeAgostini/ Superstock; p.29cl Philippe Michel/age fotostock/Superstock; p.29cr Wikimedia Commons; p.29br José Fuste Raga/age fotostock/Superstock; p.30tc Granger Historical Picture Archive/ Alamy; p.30b World History Archive/ Superstock; p.31tl funkyfood London - Paul Williams/Alamy; p.31cr Image courtesy of Bill Parkinson; p.31bl Dreamstime/ Leremy; p.33tc PRISMA ARCHIVO/ Alamy; p.34 istock/kaetana_istock; p.35tcl Dinodia/Bridgeman Images; p.35cr Dreamstime/ Arindam Banerjee; p.35bl 123rf.com/ vectorstockcompany; p.35bc Dreamstime/ Adisak Paresuwan; p.36-37 istock/ zhaojiankang; p.36bc istock/ aphotostory; p.38tr istock/ Aaltazar; p.38bl Universal Images/ Superstock; p.39tr Metropolitan Museum of Art; p.39cl 123rf.com/ Rusian Gilmanshin; p.40tc 123rf.com/ vincentstthomas; p.41tl Heritage Image Partnership Ltd/Alamy; p.41cl Wikimedia Commons; p.41br Wikimedia Commons; p.43tl DeAgostini/ Superstock; p.43r Gilles Barbier/imageBROKER/ Superstock; p.43bl Dreamstime/ Fireflyphoto; p.44r Martha Avery/ Getty; p.44bl Robert Kawka/ Alamy; p.45tcl Pictures from History/ Bridgeman Images; p.45c 123rf.com/ Peng Hua; p.45br Aterra Picture Library/Alamy; p.46r Cultural Archive/ Alamy; p.47tl Christie's Images Ltd/ Superstock; p.47cr istock/ Ghulam Hussain; p.47br Dreamstime/Giuseppe Sparta; p.47bc Heritage Image Partnership Ltd/Alamy; p.49tr istock/ a40757; p.49cl istock/ bubaone; p.49cr The Picture Art Collection/Alamy; p.49bl INTERFOTO/ Alamy; p.50 Image courtesy of Salima Ikram; Image courtesy of John O. Hyland; Image courtesy of Patrick V. Kirch.

이 책을 만든 사람들

글

신시아 오브라이언
자연 과학과 역사, 문화에 대한 책을 쓰는 저술가이다. <놀라운 뇌의 비밀>, <여성 과학자들>, <아메리카 원주민의 역사와 문화 백과사전>과 같은 책을 썼다. 영국과 캐나다를 오가며 일하고 있다.

그림

마크 러플
20년 동안 일러스트레이터와 디자이너로 일했다. 동물과 사람, 과학과 관련된 모든 것을 그림으로 표현하는 것을 좋아한다.

잭 타이트
영국 레스터의 일러스트레이터이자 동화 작가이다. 그림을 그리지 않을 때에는 가까운 야생 동물 보호 지역에서 새를 관찰하는 것을 좋아한다.

옮김

한국백과사전연구소
엔사이클로피디어 브리태니커의 한국 지사인 한국브리태니커회사에서 다양한 백과사전을 만들었던 백과사전 전문가 집단이다. 오랜 경험에 바탕을 둔 '안목'과 '균형'을 바탕으로, 시대에 맞는 새로운 백과사전을 연구하고 만드는 일을 하고 있다.

감수

존 베넷 그리스 아테네, 아테네 영국 학교
알리시아 보스웰 미국 샌타바버라, 캘리포니아 대학교
폴 딜리 미국 아이오와, 아이오와 대학교
데이브 엘라 오스트레일리아 센트럴코스트, 가톨릭 교육청 브로큰베이 교구
엘리자베스 그레이엄 영국 런던, 유니버시티 칼리지 런던
존 하일랜드 미국 뉴포트뉴스, 크리스토퍼뉴포트 대학교
살리마 이크람 이집트 카이로, 카이로아메리칸 대학교
던컨 키넌 존스 오스트레일리아, 세인트루시아, 퀸즐랜드 대학교
패트릭 커크 미국 버클리, 캘리포니아 대학교
기슬레인 라이던 미국 로스앤젤레스, 캘리포니아 대학교
마이크 피어슨 영국 런던, 유니버시티 칼리지 런던
빌 파킨슨 미국 시카고, 일리노이 대학교 필드 자연사 박물관,
마이클 레이 미국 시카고, 엔사이클로피디어 브리태니커
유지니아 러셀 영국, 독립 연구자
마크 샙웰 박사 영국 런던, 고고학자, 고고학 편집자
송허우메이 미국 신시내티, 신시내티 예술 박물관
데이비드 와서스테인 미국 내슈빌, 밴더빌트 대학교
도미니크 우자스틱 캐나다 에드먼턴, 앨버타 대학교
쉬 만 미국 메드포드, 터프츠 대학교

브리태니커 지식 백과 6
오래전의 사람들, 고대와 중세

엮음 크리스토퍼 로이드
글 신시아 오브라이언
그림 마크 러플, 잭 타이트
옮김 한국백과사전연구소

초판 1쇄 펴낸날 2022년 6월 8일

편집장 한해숙
기획편집 신경아, 한국백과사전연구소
디자인 최성수, 이이환
마케팅 박영준, 한지훈
홍보 정보영, 박소현
경영지원 김효순

펴낸이 조은희
펴낸곳 ㈜한솔수북
출판등록 제2013-000276호
주소 03996 서울시 마포구 월드컵로 96 영훈빌딩 5층
전화 02-2001-5822(편집), 02-2001-5828(영업)
전송 02-2060-0108
전자우편 isoobook@eduhansol.co.kr
블로그 blog.naver.com/hsoobook
인스타그램 soobook2
페이스북 soobook2

ISBN 979-11-7028-954-8, 979-11-7028-948-7(세트)

어린이 제품 안전 특별법에 의한 제품 표시
| 품명 도서 | 사용연령 만 7세 이상 | 제조국 대한민국 | 제조자명 ㈜한솔수북
| 제조연월 2022년 6월

* 값은 뒤표지에 있습니다.

BRITANNICA ALL NEW CHILDREN'S ENCYCLOPEDIA

'브리태니커 북스'는 엔사이클로피디어 브리태니커와 왓언어스 출판사가 제휴하여 설립한 임프린트입니다. 이 책은 영국에서 처음 출판되었습니다.

개발 투칸 북스
아트 디렉터·표지 디자인 앤디 포쇼
표지 그림·레터링 저스틴 폴터
표지 이미지 istock/sinopics; /DieterMeyri; aragant; /Valerie Loiseleux
머리말 제이 루버링
감수 존 베넷, 알리시아 보스웰, 폴 딜리, 데이브 엘라, 엘리자베스 그레이엄, 존 하일랜드, 살리마 이크람, 던컨 키넌 존스, 패트릭 커크, 기슬레인 라이던, 마이크 피어슨, 빌 파킨슨, 마이클 레이, 유지니아 러셀, 마크 샙웰, 송허우메이, 데이비드 와서스테인, 도미니크 우자스틱, 쉬 만

투칸 북스
| 편집장 엘렌 듀폰 | 시니어 디자이너 토마스 킨스 | 시니어 에디터 도로시 스태나드 | 디자이너 테사 바인드러브, 니콜라 어드프레서, 리아 저먼, 일레인 휴슨, 데이브 존스, 리 리치스 | 에디터 존 앤드류스, 줄리 브루크, 캐런 브라운, 앨리시아 도런, 피오나 플로먼, 레이첼 워렌채드 | 어시스턴트 에디터 마이클 클라크 | 에디토리얼 어시스턴트 가브리엘 핸드버그 | 찾아보기 마리 로리머 | 사진 조사 수재너 제이스 | 교정 돌로레스 요크 | 지도, 23쪽 코스모그래픽스

엔사이클로피디어 브리태니커
| 편집 관리 책임 앨리슨 엘드리지 | 시니어 에디터, 철학·법·사회과학 브라이언 디그난 | 시니어 에디터, 천문학·우주 탐사·수학·물리학·컴퓨터·무기 화학 에릭 그레거슨 | 시니어 에디터, 지리학·사하라 이남 아프리카 에이미 매케너 | 어시스턴트 에디터, 식물·환경 과학 멜리사 페트루젤로 | 에디터, 지구·생명과학 존 래퍼티 | 에디터, 유럽 역사·군사 마이클 레이 | 시니어 에디터, 생의학 카라 로저스 | 교정 책임 에이미 티커넨 | 매니저, 지리·역사 제프 월렌펠트 | 어시스턴트 에디터, 중동 애덤 지단 | 어시스턴트 에디터, 예술·인문학 알리샤 젤라즈코 | 팩트 체크 책임 조앤 라코우스키 | 팩트 체크 피아 비글로우, 레트리샤 딕슨, 윌 고스너, 아르 그린

왓언어스 출판사
| 발행인 낸시 페레스틴 | 편집 주간 나탈리 벨로즈 | 아트 디렉터 앤디 포쇼 | 주니어 디자이너 데이지 사임스 | 제작 관리 알렌카 오블락

이 책의 원저작물에 대한 모든 권리는 따로 표시한 것을 제외하고 왓언어스와 엔사이클로피디어 브리태니커에 있으며, 한국어판에 대한 권리는 영국의 더라이트솔루션사와 한국의 ㈜디에디터를 통한 저작권자와의 계약에 의해 ㈜한솔수북에 있습니다. 이 책의 어떤 부분도 서면으로 된 승인 없이는 어떤 형태와 어떤 의미로든 복제하거나 전송할 수 없습니다. 여기에는 전자적이거나 기계적인 모든 방법, 복사와 녹음을 포함한 모든 형태, 정보 저장이나 검색과 같은 모든 정보 처리 방법이 포함됩니다.

Text © 2020 What on Earth Publishing Ltd. and Britannica, Inc.
Illustrations © 2020 What on Earth Publishing Ltd. and Britannica, Inc., except as noted in the credits on p.56.
www.whatonearthbooks.com

All rights reserved. No part of this publication may be reproduced or transmitted in any form or by any means, electronic or mechanical, including photocopying, recording, or any information storage or retrieval system, without permission in writing from the publishers.

Korean edition © 2022 Hansolsoobook Publishing Co.
Korean translation rights arranged with What On Earth Books through The Rights Solution, UK and The Editor, Seoul, Korea.

Printed and bound in Republic of Korea